デロイト トーマツ税理士法人

公認会計士・米国公認会計士
梅本 淳久◉著

ロギカ書房

逐条解説

法律・政省令並記

過大支払利子税制 Earnings Stripping Rules

はしがき

　過大な支払利子を損金に算入することによる租税回避への対応手段として、我が国には、移転価格税制、過少資本税制及び過大支払利子税制があります。

　過大支払利子税制は、移転価格税制及び過少資本税制の欠点を補完し、関連者間において所得金額に比して過大な利子を支払うことを通じた租税回避を防止するための措置として、平成24年度税制改正において導入されましたが、その後、BEPSプロジェクトにおいて、第三者への支払利子であっても、あえて高税率国の企業が借入れを行い、これを低税率国の企業に出資すること等により、高税率国から低税率国へ税源流出が生じ得ることが指摘されたことなどを受けて、令和元年度税制改正において抜本的な見直しが行われています。

　過大支払利子税制は、所得に比して過大な利子を認定する制度であるため、所得水準や支払利子の水準の変動により、ある事業年度において同税制の適用により損金不算入額が生じても、これを後事業年度に繰り越し、損金算入することができる点が特徴です。

　本書は、このような過大支払利子税制を読み解くための一助となることを願って、条文を整理し、詳細な解説を加えました。具体的には、条文と解説を見開きに配置し、左ページには、本法・施行令・施行規則を網羅的に、かつ、関連する条文ごとに整理し、右ページには、立法趣旨を踏まえた解説を加えたほか、準用条文及び関係通達を掲載しました。

　また、条文及び解説の文中、かっこ書の文字を小さくし、文章構造がひと目で分かるよう工夫しました。

　さらに、第5章においては、令和4年4月1日以後に開始する事業年度から適用することとされている「グループ通算制度」導入後の条文（本法）を新旧対照表の形式にまとめ、簡単な解説を囲み記事として付記しています。

　なお、関係法令等の整理及び本書の意見にわたる部分は筆者の私見であり、デロイト トーマツ税理士法人の公式見解ではないことを申し添えます。

　また、本書では、連結納税における過大支払利子税制については、連結納税固有の取扱いについてのみ解説を加えていますので、あらかじめご了承ください。

　最後になりましたが、本書の全般にわたって、秋本光洋税理士に監修していただきました。また、前2作（民法講義、逐条解説　外国子会社合算税制）に引き続き、株式会社ロギカ書房の橋詰守氏に大変お世話になりました。ここに記して、心よりお礼申し上げます。

2020年5月

公 認 会 計 士・
米国公認会計士　　梅本　淳久

本書の特長

左ページ

❶ かっこ書の文字を小さくし、文書構造がひと目で分かるようにしています。

❷ 本法と施行令・施行規則を整理し、並記しています。

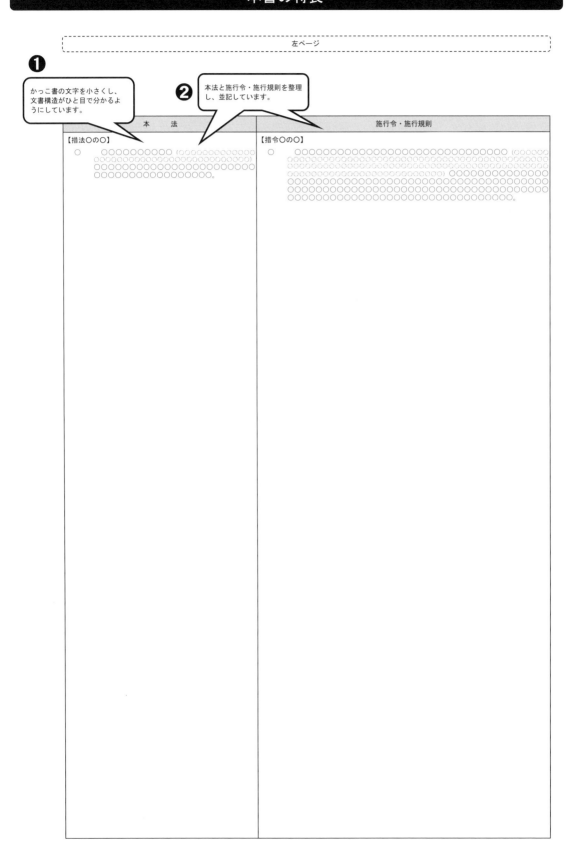

❸
条文ごとに趣旨を踏まえた詳細な解説を付しています。

通達・逐条解説

解 説 措法○の○

☐ ○○○。

解 説 措令○の○

☐ ○○○。

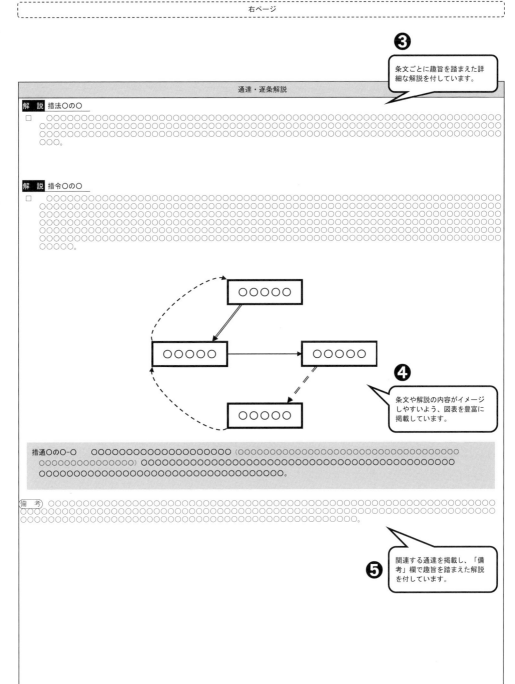

❹
条文や解説の内容がイメージしやすいよう、図表を豊富に掲載しています。

措通○の○-○　○○○○○○○○○○○○○○○○○○ (○○○○○○○○○○○○○○○○○○○○○○○○○○○○○○○○○○○○○○) ○○○○○○○○○○○○○○○○○○○○○○○○○○○○○○○○○○○。

備 考 ○○。

❺
関連する通達を掲載し、「備考」欄で趣旨を踏まえた解説を付しています。

第3章■連結法人の対象純支払利子等の損金不算入

第4章■連結超過利子額の損金算入

第5章■グループ通算制度導入後の過大支払利子税制（概要）

条文関連表

項　目	本　法	施行令・施行規則
対象純支払利子等の損金不算入		
損金不算入額の計算	措法66の5の2①	措令39の13の2①
用語の意義	措法66の5の2②	
対象支払利子等の額	措法66の5の2①一	
支払利子等	措法66の5の2①二	措令39の13の2②③
対象外支払利子等の額	措法66の5の2①三	措令39の13の2④⑤⑥⑦⑧⑨⑩⑪⑫⑬⑭
		措規22の10の7①②
関連者	措法66の5の2①四	措令39の13の2⑮⑯⑰⑱⑲
非関連者	措法66の5の2①五	
控除対象受取利子等合計額	措法66の5の2①六	措令39の13の2㉑
受取利子等	措法66の5の2①七	措令39の13の2㉒
適用免除	措法66の5の2③	措令39の13の2㉓㉔㉕㉖㉗
適用免除に係る適用要件	措法66の5の2④	
適用免除に係る適用要件の宥恕	措法66の5の2⑤	
過少資本税制との適用関係の調整	措法66の5の2⑥	措令39の13の2㉘
本制度に係る損金不算入額と外国子会社合算税制との適用調整	措法66の5の2⑦	措令39の13の2㉙㉚㉛㉜
外国法人に係る本制度の適用	措法66の5の2⑧	措令39の13の2㉝
恒久的施設に帰せられるべき資本に対応する負債の利子の損金不算入制度との調整	措法66の5の2⑨	
	措法66の5の2⑩	
政令委任	措法66の5の2⑪	措令39の13の2⑳㉞

項　目	本　法	施行令・施行規則
超過利子額の損金算入		
超過利子額の損金算入	措法66の5の3①	
本制度に係る超過利子額と外国子会社合算税制との適用調整	措法66の5の3②	措令39の13の2①②③
適格合併等に係る被合併法人等の超過利子額の引継ぎ	措法66の5の3③	措令39の13の2④⑤
連結納税の承認が取り消された場合等の連結超過利子個別帰属額の引継ぎ	措法66の5の3④	
適格合併等に係る被合併法人等が連結法人である場合の連結超過利子個別帰属額の引継ぎ	措法66の5の3⑤	
適格合併等に係る被合併法人等が連結法人である場合の超過利子額の処理	措法66の5の3⑥	
連結納税の承認を取り消された場合等の超過利子額の処理	措法66の5の3⑦	
超過利子額の損金算入に係る適用要件	措法66の5の3⑧	
外国法人に係る本制度の調整	措法66の5の3⑨	
政令委任	措法66の5の3⑩	措令39の13の2⑥⑦⑧

凡　例

1　法令等は、特に断りのない限り、令和2年4月1日現在（令和2年度税制改正後の規定）による。

　　なお、令和元年度税制改正に係る経過措置は、次のとおりである。

　1）　措法66の5の2及び措法66の5の3①は、法人の令和2年4月1日以後に開始する事業年度分の法人税について適用し、法人の同日前に開始した事業年度分の法人税については、なお従前の例による（改正法附則57①）。

　2）　措法66の5の3③及び措法66の5の3⑧は、令和2年4月1日以後に確定申告書等（期限後申告書を除く。以下同じ。）の提出期限が到来する法人税について適用し、同日前に確定申告書等の提出期限が到来した法人税については、なお従前の例による（改正法附則57②）。

　3）　措法68の89の2及び措法68の89の3①は、連結法人の連結親法人事業年度が令和2年4月1日以後に開始する連結事業年度分の法人税について適用し、連結法人の連結親法人事業年度が同日前に開始した連結事業年度分の法人税については、なお従前の例による（改正法附則74①）。

　4）　措法68の89の3⑤は、令和2年4月1日以後に連結確定申告書等（期限後申告書を除く。以下同じ。）の提出期限が到来する法人税について適用し、同日前に連結確定申告書等の提出期限が到来した法人税については、なお従前の例による（改正法附則74②）。

2　本書中に引用する法令については、次の略語を用いた。

法法……………………………………………法人税法
法令……………………………………………法人税法施行令
法通……………………………………………法人税基本通達
所法……………………………………………所得税法
所令……………………………………………所得税法施行令
所通……………………………………………所得税基本通達
措法……………………………………………租税特別措置法
措令……………………………………………租税特別措置法施行令
措規……………………………………………租税特別措置法施行規則
措通……………………………………………租税特別措置法関係通達（法人税編）

3　条文や文献の引用については、次の例による。

　1）　「措法66の5の2②一」とあるのは、租税特別措置法第66条の5の2第2項第1号を示す。

　2）　「R1-566」とあるのは、財務省ホームページ「令和元年度（平成31年度）税制改正の解説」（改正税法のすべて）566頁を示す。

3）「趣旨説明 H24-1」とあるのは、国税庁ホームページ「平成24年 9 月12日付課法2-17ほか 1 課共同『法人税基本通達等の一部改正について』（法令解釈通達）の趣旨説明」の「第 2 租税特別措置法関係通達（法人税編）関係」の「5　第66条の 5 の 2 及び第66条の 5 の 3 《関連者等に係る純支払利子等の課税の特例》関係」1 頁を示す。

第1章

対象純支払利子等の損金不算入

措法66の5の2①　損金不算入額の計算

本　　法	施行令・施行規則
【措法66の5の2】 　1　法人の平成25年4月1日以後に開始する各事業年度において、当該法人の当該事業年度の対象支払利子等の額の合計額（以下この項、次項第6号及び第3項第2号イにおいて「対象支払利子等合計額」という。）から当該事業年度の控除対象受取利子等合計額を控除した残額（以下この項及び第3項において「対象純支払利子等の額」という。）が当該法人の当該事業年度の調整所得金額（当該対象純支払利子等の額と比較するための基準とすべき所得の金額として政令で定める金額をいう。）の100分の20に相当する金額を超える場合には、当該法人の当該事業年度の対象支払利子等合計額のうちその超える部分の金額に相当する金額は、当該法人の当該事業年度の所得の金額の計算上、損金の額に算入しない。	**【措令39の13の2】** 　1　法第66条の5の2第1項に規定する政令で定める金額は、法第52条の3第5項及び第6項、第57条の7第1項、第57条の7の2第1項、第59条第1項及び第2項、第59条の2第1項及び第5項、第60条第1項及び第2項、第61条第1項、第61条の2第1項、第61条の3第1項、第66条の5第1項、第66条の5の2第1項、第66条の5の3第1項及び第2項、第66条の7第3項及び第7項、第66条の9の3第3項及び第6項、第66条の13第1項及び第5項から第11項まで、第67条の12第1項及び第2項、第67条の13第1項及び第2項、第67条の14第1項、第67条の15第1項、第68条の3の2第1項並びに第68条の3の3第1項並びに法人税法第27条、第33条第2項（法人税法施行令第68条第1項各号に掲げる資産につき当該各号に定める事実が生じたものに適用される場合に限る。）、第41条、第41条の2、第57条第1項、第58条第1項、第59条第1項から第3項まで、第62条の5第5項及び第142条の4第1項並びに同令第112条第20項並びに法人税法施行令の一部を改正する政令（昭和42年政令第106号）附則第5条第1項及び第2項の規定を適用せず、かつ、当該事業年度において支出した寄附金の額の全額を損金の額に算入して計算した場合の当該事業年度の所得の金額に、当該事業年度の法第66条の5の2第1項に規定する対象純支払利子等の額、減価償却資産に係る償却費の額（損金経理（法人税法第72条第1項第1号に掲げる金額を計算する場合にあっては、同項に規定する期間に係る決算において費用又は損失として経理することをいう。）の方法又は当該事業年度の決算の確定の日までに剰余金の処分により積立金として積み立てる方法により特別償却準備金として積み立てた金額を含む。）で当該事業年度の所得の金額の計算上損金の額に算入される金額、金銭債権の貸倒れによる損失の額で当該事業年度の所得の金額の計算上損金の額に算入される金額及び匿名組合契約等（匿名組合契約（当事者の一方が相手方の事業のために出資をし、相手方がその事業から生ずる利益を分配することを約する契約を含む。）及び外国におけるこれに類する契約をいう。以下この項において同じ。）により匿名組合員（匿名組合契約等に基づいて出資をする者及びその者の当該匿名組合契約等に係る地位の承継をする者をいう。以下この項において同じ。）に分配すべき利益の額で当該事業年度の所得の金額の計算上損金の額に算入される金額を加算した金額から法第66条の5の2第7項又は第66条の5の3第2項の規定の適用に係る法第66条の6第2項第1号に規定する外国関係会社に係る同条第1項に規定する課税対象金額、同条第6項に規定する部分課税対象金額若しくは同条第8項に規定する金融子会社等部分課税対象金額又は法第66条の9の2第1項に規定する外国関係法人に係る同項に規定する課税対象金額、同条第6項に規定する部分課税対象金額若しくは同条第8項に規定する金融関係法人部分課税対象金額及び匿名組合契約等により匿名組合員に負担させるべき損失の額で当該事業年度の所得の金額の計算上益金の額に算入される金額を減算した金額（当該金額が零を下回る場合には、零）とする。

通達・逐条解説

解　説　措法66の５の２①

□　その事業年度の対象純支払利子等の額が調整所得金額の20％を超える場合には、その事業年度の対象支払利子等合計額のうち、その超える部分の金額に相当する金額は、その事業年度の所得の金額の計算上、損金の額に算入しないこととされている。

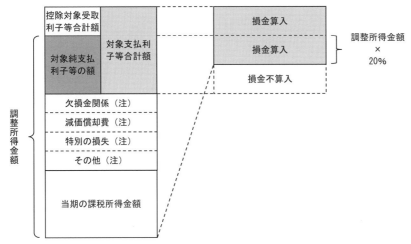

(注)　調整項目の概要は、次の通りである。

	加　算	減　算
欠損金関係	繰越欠損金等の当期控除額	
減価償却費	当期に損金算入された減価償却費（特別償却を含む。）	特別償却準備金の取崩し益
特別の損失	著しく価値が下落した資産の評価損（法令68①各号に掲げるものに限る。）	
	税務上損金算入された貸倒損失	
その他	措法上の所得の特別控除額	法人税額から控除する外国税額の損金不算入額
	特定目的会社等の支払配当の損金算入額	
	匿名組合契約の営業者の支払分配金の損金算入額等	
	その他（計算の循環を防止するための技術的調整等）	

（R1-566・576を参考に作成）

□　本制度は、対象となる支払利子の過大さを所得金額との比較で行う制度である。そして、この所得金額が益金の額から損金の額を控除したネットの金額であることや、金融機関等が果たす金融仲介機能といったことを勘案して、所得金額と対比すべき利子の額は、支払利子の額から受取利子の額を控除したネット利子額とされている（H24-560）。

□　「対象純支払利子等の額」などの用語の意義は、次の通りである。

①	対象純支払利子等の額	対象支払利子等の額（➡措法66の５の２②一の**解　説**参照）の合計額から控除対象受取利子等合計額（➡措法66の５の２②六の**解　説**参照）を控除した残額
②	調整所得金額	対象純支払利子等の額と比較するための基準とすべき所得の金額として措令39の13の２①で定める金額（➡措令39の13の２①の**解　説**参照）

解　説　措令39の13の２①

□　調整所得金額は、いわゆる「利払前所得」として、税務上の課税所得に純支払利子等の額を加えたものをベースとしつつ、繰越欠損金の当期控除額その他既存の税務上の特別の取扱いにより益金の額又は損金の額に加減算されるものにつき、当該加減算額を「繰り戻す」形で、かかる税務上の特別の取扱いを捨象した金額とされている（R1-575）。具体的には、調整所得金額は、次の①に掲げる規定を適用せず、かつ、その事業年度において支出した寄附金の額の全額を損金の額に算入して計算した場合のその事業年度の所得の金額（欠損の場合はマイナスの金額）に、次の②に掲げる金額を加算した金額から次の③に掲げる金額を減算した金額（マイナスとなる場合には、ゼロ）とすることとされている。

本　　法	施行令・施行規則

通達・逐条解説

① 　調整所得金額の計算上適用しないこととする規定
- ・措法52の3⑤⑥（特別償却準備金の取崩益）
- ・措法57の7①（関西国際空港用地整備準備金）
- ・措法57の7の2①（中部国際空港整備準備金）
- ・措法59①②（新鉱床探鉱費又は海外新鉱床探鉱費の特別控除）
- ・措法59の2①⑤（対外船舶運航事業を営む法人の日本船舶による収入金額の課税の特例）
- ・措法60①②（沖縄の認定法人の所得の特別控除）
- ・措法61①（国家戦略特別区域における指定法人の課税の特例）
- ・措法61の2①（農業経営基盤強化準備金）
- ・措法61の3①（農用地等を取得した場合の課税の特例）
- ・措法66の5①（国外支配株主等に係る負債の利子等の課税の特例）
- ・措法66の5の2①（対象純支払利子等の損金不算入）
- ・措法66の5の3①②（超過利子額の損金算入）
- ・措法66の7③⑦（法人税額から控除する外国関係会社の外国税額及び所得税額の益金算入）
- ・措法66の9の3③⑥（法人税額から控除する外国関係法人の外国税額及び所得税額の益金算入）
- ・措法66の13①⑤〜⑪（特別新事業開拓事業者に対し特定事業活動として出資をした場合の課税の特例）
- ・措法67の12①②（組合事業等による損失がある場合の課税の特例）
- ・措法67の13①②（組合事業等による損失がある場合の課税の特例）
- ・措法67の14①（特定目的会社に係る課税の特例）
- ・措法67の15①（投資法人に係る課税の特例）
- ・措法68の3の2①（特定目的信託に係る受託法人の課税の特例）
- ・措法68の3の3①（特定投資信託に係る受託法人の課税の特例）
- ・法法27（中間申告における繰戻しによる還付に係る災害損失欠損金額の益金算入）
- ・法法33②（法令68①各号に掲げる資産につきその各号に定める事実が生じたものに適用される場合に限る。）（資産の評価損の損金不算入等）（注）
- ・法法41（法人税額から控除する外国税額の損金不算入）
- ・法法41の2（分配時調整外国税相当額の損金不算入）
- ・法法57①（青色申告書を提出した事業年度の欠損金の繰越し）
- ・法法58①（青色申告書を提出しなかった事業年度の災害による損失金の繰越し）
- ・法法59①〜③（会社更生等による債務免除等があった場合の欠損金の損金算入）
- ・法法62の5⑤（現物分配による資産の譲渡）
- ・法法142の4①（恒久的施設に帰せられるべき資本に対応する負債の利子の損金不算入）
- ・法令112⑳（連結法人間で合併が行われた場合の欠損金相当額の損金算入）
- ・改正法令附則5①②（契約者配当に関する経過規定）

（注）通常の市場や景気の変動による損失を超えた異例な水準である場合に強制的に損失を計上させる特別の取扱いであることを踏まえて、特別に調整所得金額の計算上の加算を行うこととしたものである（H24-569）。

② 　加算する金額
- ・その事業年度の対象純支払利子等の額、減価償却資産に係る償却費の額（注1・2）でその事業年度の所得の金額の計算上損金の額に算入される金額
- ・金銭債権の貸倒れによる損失の額でその事業年度の所得の金額の計算上損金の額に算入される金額（注3）
- ・匿名組合契約等により匿名組合員に分配すべき利益の額でその事業年度の所得の金額の計算上損金の額に算入される金額（注4）

（注1）損金経理（法法72①一（仮決算をした場合の中間申告書の記載事項等）に掲げる金額を計算する場合にあっては、法法72①に規定する期間に係る決算において費用又は損失として経理することをいう。）の方法又はその事業年度の決算の確定の日までに剰余金の処分により積立金として積み立てる方法により特別償却準備金として積み立てた金額を含む。

（注2）設備投資に積極的な企業が本制度の適用において不利になることがないよう、政策的な見地から、特別に調整所得金額の計算上の加算を行うこととしたものである（H24-569）。

（注3）通常の市場や景気の変動による損失を超えた異例な水準である場合に強制的に損失を計上させる特別の取扱いであることを踏まえて、特別に調整所得金額の計算上の加算を行うこととしたものである（H24-569）。

（注4）特定目的会社等の支払配当の損金算入の扱いとのバランスを考慮したものである（R1-575）。

③ 　減算する金額
- ・本制度と外国子会社合算税制との調整措置の対象となる外国関係会社に係る課税対象金額、部分課税対象金額又は金融子

本　　　法	施行令・施行規則

通達・逐条解説
会社等部分課税対象金額 ・本制度とコーポレート・インバージョン対策合算税制との調整措置の対象となる外国関係法人に係る課税対象金額、部分課税対象金額又は金融関係法人部分課税対象金額 ・匿名組合契約等により匿名組合員に負担させるべき損失の額でその事業年度の所得の金額の計算上益金の額に算入される金額（注）
（注）特定目的会社等の支払配当の損金算入の扱いとのバランスを考慮したものである（R1-575）。

措法66の5の2② 用語の意義

本　　法	施行令・施行規則
【措法66の5の2】 2　この条において、次の各号に掲げる用語の意義は、当該各号に定めるところによる。	
一　対象支払利子等の額 　支払利子等の額のうち対象外支払利子等の額以外の金額をいう。	
二　支払利子等 　法人が支払う負債の利子（これに準ずるものとして政令で定めるものを含む。）その他政令で定める費用又は損失をいう。	【措令39の13の2】 2　法第66条の5の2第2項第2号に規定する支払う負債の利子に準ずるものとして政令で定めるものは、支払う手形の割引料、法人税法第64条の2第3項に規定するリース取引による同条第1項に規定するリース資産の引渡しを受けたことにより支払うべき対価の額（1,000万円に満たないものを除く。）のうちに含まれる利息に相当する金額、法人税法施行令第136条の2第1項に規定する満たない部分の金額その他経済的な性質が支払う利子に準ずるものとする。 3　法第66条の5の2第2項第2号に規定する政令で定める費用又は損失は、次に掲げるものとする。 　一　当該法人に係る関連者（法第66条の5の2第2項第4号に規定する関連者をいう。以下この条において同じ。）が非関連者（同項第5号に規定する非関連者をいう。以下この条において同じ。）に対して当該法人

通達・逐条解説

1　対象支払利子等の額

解　説　措法66の5の2②一

□　その事業年度の対象純支払利子等の額が調整所得金額の20%を超える場合には、その事業年度の対象支払利子等合計額のうち、その超える部分の金額に相当する金額は、その事業年度の所得の金額の計算上、損金の額に算入しないこととされ、「対象純支払利子等の額」とは、対象支払利子等の額の合計額から控除対象受取利子等合計額を控除した残額をいうこととされているところ、「対象支払利子等の額」とは、支払利子等の額（➡措法66の5の2②二の 解　説 参照）のうち対象外支払利子等の額（➡措法66の5の2②三の 解　説 参照）以外の金額をいう。

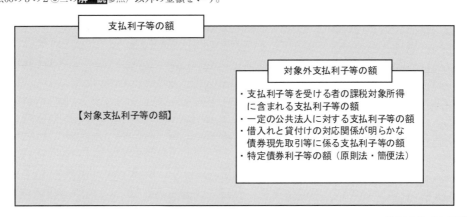

（H24-565、R1-572を参考に作成）

□　BEPSプロジェクトの最終報告書において、第三者に対する支払利子についても、多国籍企業グループにおいて、あえて税率の高い国の企業が借入れを行い、これをより税率の低い国の企業に出資すること等により、税率の高い国から低い国へ税源浸食が生じ得ることが指摘され、第三者への支払利子、関連者への支払利子を問わず、制限対象とすべきと勧告されていることを踏まえ、第三者への支払利子も本制度の対象とすることとされている（R1-568）。

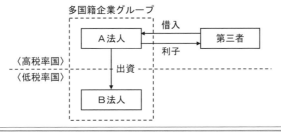

2　支払利子等

解　説　措法66の5の2②二・措令39の13の2②③

□　「支払利子等」とは、その支払う負債の利子（これに準ずるものとして下記①に該当するものを含む。）その他下記②の費用又は損失をいう。

①　支払利子等に準ずるもの
・支払う手形の割引料
・法法64の2③（リース取引に係る所得の金額の計算）に規定するリース取引による法法64の2①に規定するリース資産の引渡しを受けたことにより支払うべき対価の額（1,000万円に満たないものを除く。）のうちに含まれる利息に相当する金額
・法令136の2①（金銭債務に係る債務者の償還差益又は償還差損の益金又は損金算入）に規定する金銭債務に係る収入額がその債務額に満たない部分の金額（注）
・その他経済的な性質が支払う利子に準ずるもの
　（注）例えば、法人が社債をアンダーパー発行した場合における額面金額と発行価額との差額がこれに該当する。この差額は社債の発行に際して金利の調整として生ずるものであるから、発行法人が計上する償還差額は、一般的には募集に応

本　　　法	施行令・施行規則
	の債務の保証をすることにより、当該非関連者が当該法人に対して資金を供与したと認められる場合において、当該法人が当該関連者に支払う当該債務の保証料
	二　当該法人に係る関連者から当該法人に貸し付けられた債券（当該関連者が当該法人の債務の保証をすることにより、非関連者から当該法人に貸し付けられた債券を含む。以下この号において「貸付債券」という。）が、他の非関連者に、担保として提供され、債券現先取引（法第42条の2第1項に規定する債券現先取引をいう。）で譲渡され、又は現金担保付債券貸借取引（法第66条の5第5項第8号に規定する現金担保付債券貸借取引をいう。）で貸し付けられることにより、当該他の非関連者が当該法人に対して資金を供与したと認められる場合において、当該法人が当該関連者に支払う貸付債券の使用料若しくは当該債務の保証料又は当該非関連者に支払う貸付債券の使用料
	三　法人税法施行令第139条の2第1項に規定する償還有価証券に係る同項に規定する調整差損

通達・逐条解説

じて社債を取得した者に対する支払利子と考えられる（H24-565）。

② 支払利子等に含まれる費用又は損失

・法人に係る関連者（➡措法66の5の2②四の 解 説 参照）が非関連者（➡措法66の5の2②五の 解 説 参照）に対してその法人の債務の保証をすることにより、その非関連者がその法人に対して資金を供与したと認められる場合において、その法人がその関連者に支払う債務の保証料

(H24-564を一部加工)

・法人に係る関連者からその法人に貸し付けられた債券（その関連者がその法人の債務の保証をすることにより、非関連者からその法人に貸し付けられた債券を含む。以下「貸付債券」という。）が、他の非関連者に、担保として提供され、債券現先取引（注1）で譲渡され、又は現金担保付債券貸借取引（注2）で貸し付けられることにより、当該他の非関連者がその法人に対して資金を供与したと認められる場合において、その法人がその関連者に支払う貸付債券の使用料若しくは債務の保証料又はその非関連者に支払う貸付債券の使用料

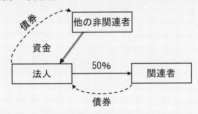

(H24-564を一部加工)

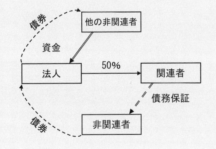

(H24-564を一部加工)

・法令139の2①（償還有価証券の調整差益又は調整差損の益金又は損金算入）に規定する償還有価証券に係る法令139の2①に規定する調整差損

(注1)「債券現先取引」とは、債券の出し手及び資金の出し手の間において、債券を担保に資金の調達をする取引であり（H14-723）、具体的には、債券をあらかじめ約定した期日にあらかじめ約定した価格で（あらかじめ期日及び価格を約定することに代えて、その開始以後期日及び価格の約定をすることができる場合にあっては、その開始以後約定した期日に約定した価格で）買い戻し、又は売り戻すことを約定して譲渡し、又は購入し、かつ、その約定に基づきその債券と同種及び同量の債券を買い戻し、又は売り戻す取引をいう（措法42の2①、所法161①十、所令283③）。

(注2)「現金担保付債券貸借取引」とは、現金を担保として債券の借入れ又は貸付けを行う取引をいう（措法66の5⑤八）。

（原価に算入した支払利子等）

措通66の5の2-1　法人が支払利子等（措置法第66条の5の2第2項第2号に定める支払利子等をいう。以下66の5の2-10までにおいて同じ。）の額につき固定資産その他の資産の取得価額に算入した場合又は繰延資産として経理した場合であっても、当該事業年度において支払うものは、支払利子等の額に含まれることに留意する。

備　考　規定上、「支払利子等の額」（措法66の5の2②二）には当該事業年度において支払う負債の利子等の額が該当することとされ、特に当該事業年度において損金算入される金額に限るといった限定は付されていない。本通達においては、法人がその支払う負債の利子等の額のうちに固定資産その他の資産の取得価額又は繰延資産の金額に含めたため直接当該事業年度の損金の額に算入されていない部分の金額（原価算入額）がある場合においても、当該原価算入額を含めたところで損金不算入額を算出することが明らかにされている（この取扱いにより生ずる損金不算入額の調整については、措通66の5の2-2参照）（趣旨説明 H24-9）。

本　　法	施行令・施行規則

通達・逐条解説

（原価に算入した支払利子等の調整）

措通66の５の2-2　法人が、支払利子等の額のうちに固定資産その他の資産の取得価額又は繰延資産の金額（以下「固定資産の取得価額等」という。）に含めたため直接当該事業年度の損金の額に算入されていない部分の金額（以下「原価算入額」という。）がある場合において、当該支払利子等の額のうちに措置法第66条の５の２第１項の規定により損金の額に算入されないこととなった金額（以下「損金不算入額」という。）があるときは、当該事業年度の確定申告書において、当該原価算入額のうち損金不算入額から成る部分の金額を限度として、当該事業年度終了の時における固定資産の取得価額等を減額することができるものとする。この場合において、当該原価算入額のうち損金不算入額から成る部分の金額は、当該損金不算入額に、当該事業年度における支払利子等の額のうちに当該固定資産の取得価額等に含まれている支払利子等の額の占める割合を乗じた金額とすることができる。

（注）　この取扱いの適用を受けた場合には、その減額した金額につき翌事業年度（その事業年度が連結事業年度に該当する場合には、翌連結事業年度）において決算上調整するものとする。

備考　措通66の５の2-1の取扱いによれば、固定資産の取得価額等に含まれているため結果的に当期の損金とされていない負債の利子等についても損金不算入額が生じ、当期限りでみれば二重課税となることから、本通達において、固定資産の取得価額等について損金不算入額相当額の減額を認めることとされている。この場合の取得価額等の調整計算は、法人の決算において行うほか、当期の確定申告書において申告調整により減額することも認められるが、修正申告に際し申告減算することや、税務調査による更正に際し減額を請求することは認められない。なお、本通達の適用を受けて負債の利子等の損金不算入に係る取得価額等の減額を申告調整により行った場合には、翌期以降長期にわたりマイナスの税務否認金が残存することは必ずしも適当でないことから、その減額した金額は、翌期において決算上修正経理をしなければならないことが、本通達の注書において明らかにされている（趣旨説明 H24-10・11）。

（短期の前払利息）

措通66の５の2-3　法人が、各事業年度において支払った支払利息のうち基本通達2-2-14によりその支払った日の属する事業年度の損金の額に算入された前払利息の額は、支払利子等の額に含まれることに留意する。

備考　本制度の適用上、前払利息で未経過期間に係るものとして損金の額に算入されなかった金額は、期間経過により損金の額に算入された事業年度における「支払利子等の額」（措法66の５の2②二）とすることとなる。ところで、法通2-2-14において、法人が、前払利息でその支払った日から１年以内に支払期限が到来する利息を支払った場合、その支払った額に相当する金額を継続してその支払った日の属する事業年度の損金の額に算入しているときは、これを認めることとされている。そこで、本通達では、本制度の適用上、法通2-2-14により支払った日の属する事業年度の損金算入が認められる前払利息の額をどのように取り扱うかが明らかにされている（趣旨説明 H24-7）。

（金銭債務の償還差損等）

措通66の５の2-4　措置法第39条の13の２第２項に規定する「法人税法施行令第136条の２第１項に規定する満たない部分の金額」のうち、同項の規定により損金の額に算入した額が、支払利子等の額に含まれることに留意する。

備考　措令39の13の2②の「法人税法施行令第136条の２第１項に規定する満たない部分の金額」とは、例えば、社債を割引発行した場合に生ずる額面金額との差額など、金銭債務に係る収入額がその債務額に満たない場合のその満たない部分の金額をいい、金銭債務の償還期間にわたって均分に損金算入することとされている。これに対して、本制度は、一定限度額を超える対象支払利子等の額の損金算入を否認するものであるため、本制度の対象となる当該事業年度における「支払利子等の額」（措法66の５の2②二）は、あくまで当該「満たない部分の金額」のうち、本制度の適用がないものとした場合に、当該事業年度の損金の額に算入されるべき金額に限定されることになる。本通達において、このことが留意的に明らかにされている（趣旨説明 H24-6）。

（経済的な性質が利子に準ずるもの）

措通66の５の2-5　措置法令第39条の13の２第２項に規定する「経済的な性質が支払う利子に準ずるもの」には、金銭債権をその債権金額を超える価額で取得した場合において、損金の額に算入される調整差額（基本通達2-1-34の調整差額で損金の額に算入される金額をいう。）が含まれることに留意する。
　　また、同条第22項に規定する「経済的な性質が支払を受ける利子に準ずるもの」には、金銭債権をその債権金額に満たない価額で取得した場合において、益金の額に算入される調整差額（同通達の調整差額で益金の額に算入される金額をいう。）が含まれることに留意する。

備考　法通2-1-34では、金銭債権をその債権金額を超える価額で取得した場合において、その債権金額とその取得に要した価額との差額相当額（実質的な贈与と認められる部分の金額を除く。以下「取得差額」という。）の全部又は一部が金利の調整により生じたものと認められるときは、原則として、その金銭債権に係る支払期日までの期間の経過に応じ、利息法又は定額法に基づき当該取得差額の範囲内において金利の調整により生じた部分の金額（以下「調整差額」という。）を損金の額に算入することが明らかにされているところであるが、本通達の前段では、その経済的な実質に鑑みて、当該調整差額は、措令39の13の2②の「経済的な性質が支払う利子に準ずるもの」に含まれることが留意的に明らかにされている。また、本通達の後段では、金銭債権をその債権金額に満たない価額で取得した場合において、法通2-1-34により益金の額に算入される調整差額について、同様

本　　　法	施行令・施行規則
三　対象外支払利子等の額 　次に掲げる支払利子等（法人に係る関連者が非関連者を通じて当該法人に資金を供与したと認められる場合として政令で定める場合における当該非関連者に対する支払利子等その他政令で定める支払利子等を除く。）の区分に応じそれぞれ次に定める金額をいう。	【措令39の13の2】 4　法第66条の5の2第2項第3号に規定する政令で定める場合は、当該法人に係る関連者（当該法人から受ける支払利子等（同項第2号に規定する支払利子等をいう。以下この条において同じ。）があったとした場合に当該支払利子等が当該関連者の課税対象所得（同項第3号イに規定する課税対象所得をいう。以下この項、次項及び第8項において同じ。）に含まれるものを除く。）が非関連者（当該法人から受ける支払利子等が当該非関連者の課税対象所得に含まれるものに限る。）を通じて当該法人に対して資金を供与したと認められる場合とする。 5　法第66条の5の2第2項第3号に規定する政令で定める支払利子等は、非関連者（当該法人から受ける支払利子等が当該非関連者の課税対象所得に含まれるものに限る。）が有する債権（当該法人から受ける支払利子等に係るものに限る。）に係る経済的利益を受ける権利が財務省令で定める契約その他により次に掲げるものに移転されることがあらかじめ定まっている場合における当該非関連者に対する支払利子等とする。 　一　他の非関連者（当該法人から受ける支払利子等があったとした場合に当該支払利子等が当該他の非関連者の課税対象所得に含まれるものを除く。） 　二　当該非関連者（外国法人に限る。）の法人税法第138条第1項第1号に規定する本店等（当該法人から受ける支払利子等があったとした場合に当該支払利子等が当該非関連者の同法第141条第1号ロに掲げる国内源泉所得（法人税に関する法令の規定により法人税を課さないこととされ、又は租税条約の規定により法人税を免除することとされる所得を除く。）に含まれるものを除く。） 【措規22の10の7】 1　施行令第39条の13の2第5項に規定する財務省令で定める契約は、金融商品取引業等に関する内閣府令第68条第4号に規定する貸出参加契約とする。

通達・逐条解説

の観点から対象支払利子等の額の合計額から控除される控除対象受取利子等合計額に含まれることとなる「経済的な性質が支払を受ける利子に準ずるもの」（措令39の13の２㉒）に含まれることが留意的に明らかにされている（趣旨説明 H24-12）。

（負債の利子の範囲）

措通66の５の２-６　措置法第66条の５の２第２項第２号に規定する「負債の利子」には、次に掲げるようなものを含むことに留意する。

(1) 買掛金を手形によって支払った場合において、当該手形の割引料を負担したときにおけるその負担した割引料相当額

(2) 営業保証金、敷金その他これらに類する預り金の利子

(3) 金融機関の預金利息及び給付補塡備金繰入額（給付補塡備金繰入額に準ずる繰入額を含む。）

備考　実務においては措法66の５の２②ニの「負債の利子」に含まれるのか疑義が生ずるものが少なからずある。そこで、本通達では、(1)から(3)までに掲げるものが「負債の利子」に含まれるものとして例示されている。なお、この取扱いは、受取配当等の益金不算入制度（法法23）における負債の利子の範囲についての取扱い（法通３-２-１）と同旨のものである（趣旨説明 H24-８）。

３　対象外支払利子等の額

解説　措法66の５の２②三・措令39の13の２④⑤・措規22の10の７①

□　本制度の対象となる支払利子等から除外される「対象外支払利子等の額」は、措法66の５の２②三イ～ニに掲げる支払利子等の区分に応じそれぞれ措法66の５の２②三イ～ニに定める金額とされている。ただし、次の①から③までに掲げる支払利子等は、実質的に国内で課税されない者への支払利子等と変わることがないことから、措法66の５の２②三イ～ニに掲げる支払利子等から除かれている。なお、国内の関連者を介在させるケースについては、その関連者側において、国内の関連者から受ける受取利子等について控除対象受取利子等合計額への算入を制限する措置が設けられている（R１-568）。

①　法人に係る関連者（注１・２）が非関連者（注３）を通じてその法人に対して資金を供与したと認められる場合におけるその非関連者に対する支払利子等

（注１）その法人から受ける支払利子等があったとした場合にその支払利子等がその関連者の課税対象所得（➡措法66の５の２②三イの**解説**参照）に含まれるものを除く。

（注２）連結納税における過大支払利子税制においては、連結納税グループ内の他の連結法人を除く（措令39の113の２④）。

（注３）その法人から受ける支払利子等がその非関連者の課税対象所得に含まれるものに限る。

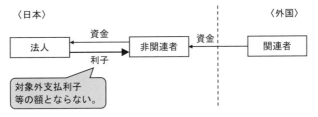

(R1-569)

②　非関連者（注１）が有する債権（注２）に係る経済的利益を受ける権利が貸出参加契約その他により他の非関連者（注３）に移転されることがあらかじめ定まっている場合におけるその非関連者に対する支払利子等

（注１）その法人から受ける支払利子等がその非関連者の課税対象所得に含まれるものに限る。

（注２）その法人から受ける支払利子等に係るものに限る。

（注３）その法人から受ける支払利子等があったとした場合にその支払利子等が当該他の非関連者の課税対象所得に含まれるものを除く。

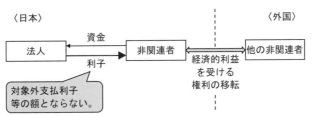

(R1-569)

③　非関連者（注１）が有する債権（注２）に係る経済的利益を受ける権利が貸出参加契約その他によりその非関連者（外国法人に限る。）の本店等（注３）に移転されることがあらかじめ定まっている場合におけるその非関連者に対する支払利子等

（注１）その法人から受ける支払利子等がその非関連者の課税対象所得に含まれるものに限る。

（注２）その法人から受ける支払利子等に係るものに限る。

本　　法	施行令・施行規則
イ　支払利子等を受ける者の課税対象所得（当該者が個人又は法人のいずれに該当するかに応じ、それぞれ当該者の所得税又は法人税の課税標準となるべき所得として政令で定めるものをいう。イ及びニ(1)において同じ。）に含まれる支払利子等（ニに掲げる支払利子等を除く。イにおいて同じ。） 　当該課税対象所得に含まれる支払利子等の額	**【措令39の13の2】** 6　法第66条の5の2第2項第3号イに規定する政令で定める所得は、当該法人から支払利子等を受ける者が次の各号に掲げる者のいずれに該当するかに応じ当該各号に定める所得とする。 一　法第2条第1項第1号の2に規定する居住者 　　所得税法第2条第1項第21号に規定する各種所得（所得税に関する法令の規定により所得税を課さないこととされる所得を除く。） 二　法第2条第1項第1号の2に規定する非居住者 　　所得税法第164条第1項各号に掲げる非居住者のいずれに該当するかに応じ当該非居住者の当該各号に定める国内源泉所得（所得税に関する法令の規定により所得税を課さないこととされ、又は租税条約の規定により所得税を免除することとされる所得を除く。） 三　内国法人 　　各事業年度の所得又は各連結事業年度の連結所得（法人税に関する法令の規定により法人税を課さないこととされる所得を除く。） 四　外国法人 　　法人税法第141条各号に掲げる外国法人のいずれに該当するかに応じ当該外国法人の当該各号に定める国内源泉所得（法人税に関する法令の規定により法人税を課さないこととされ、又は租税条約の規定により法人税を免除することとされる所得を除く。）

通達・逐条解説

（注３）その法人から受ける支払利子等があったとした場合にその支払利子等がその非関連者の法人税法第141条第１号ロに掲げる国内源泉所得（法人税に関する法令の規定により法人税を課さないこととされ、又は租税条約の規定により法人税を免除することとされる所得を除く。）に含まれるものを除く。

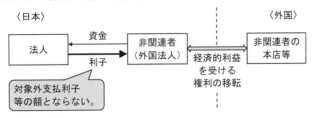

(R1-○○)

解説　措法66の５の２②三イ・措令39の13の２⑥

☐　支払利子等を受ける者の課税対象所得に含まれる支払利子等（注）の額は、本制度の対象となる支払利子等から除外される「対象外支払利子等の額」に該当する。

（注）措法66の５の２②三ニに掲げる支払利子等を除く。

☐　受領者側において我が国の課税対象所得に含まれる支払利子については、我が国の税源浸食リスクが小さく、また、これらを対象とした場合には、通常の経済活動にも影響を及ぼしかねないことを総合勘案して、本制度の対象となる支払利子から除外することとされている（R1-568）。

☐　「課税対象所得」とは、支払利子等を受ける者が個人又は法人のいずれに該当するかに応じ、それぞれその者の所得税又は法人税の課税標準となるべき所得をいい、具体的には、次の区分に応じそれぞれ次の所得とされている。

①	居住者	所法２①二十一に規定する各種所得（注１）
②	非居住者	所法164①各号に掲げる非居住者のいずれに該当するかに応じその非居住者の所法164①各号に定める国内源泉所得（注２）
③	内国法人	各事業年度の所得又は各連結事業年度の連結所得（注３）
④	外国法人	法法141各号に掲げる外国法人のいずれに該当するかに応じその外国法人の法法141各号に定める国内源泉所得（注４）

（注１）所得税に関する法令の規定により所得税を課さないこととされる所得を除く。

（注２）所得税に関する法令の規定により所得税を課さないこととされ、又は租税条約の規定により所得税を免除することとされる所得を除く。

（注３）法人税に関する法令の規定により法人税を課さないこととされる所得を除く。

（注４）法人税に関する法令の規定により法人税を課さないこととされ、又は租税条約の規定により法人税を免除することとされる所得を除く。

☐　次表の網掛け部分は、所法164①各号に掲げる非居住者の区分に応じその各号に定める国内源泉所得を示す。

本　　法	施行令・施行規則

		通達・逐条解説		

所得の種類 ＼ 非居住者の区分	恒久的施設を有する者 (所法164①一)		恒久的施設を有しない者 (所法164①二)
	恒久的施設帰属所得 (所法164①一イ)	その他の所得 (所法164①一ロ)	
（事業所得）	所法161①一		
①国内にある資産の運用・保有により生ずる所得　（所法161①二） （⑦から⑮に該当するものを除く。）			
②国内にある資産の譲渡により生ずる所得　（所法161①三）			
③組合契約事業利益の配分　（所法161①四）	所法161①一		
④国内にある土地等の譲渡による所得　（所法161①五）			
⑤人的役務提供事業の所得　（所法161①六）			
⑥国内不動産の賃貸料等　（所法161①七）			
⑦利子等　（所法161①八）			
⑧配当等　（所法161①九）			
⑨貸付金利子　（所法161①十）			
⑩使用料等　（所法161①十一）			
⑪給与その他人的役務の提供に対する 報酬、公的年金等、退職手当等　（所法161①十二）			
⑫事業の広告宣伝のための賞金　（所法161①十三）			
⑬生命保険契約に基づく年金等　（所法161①十四）			
⑭定期積金の給付補填金等　（所法161①十五）			
⑮匿名組合契約等に基づく利益の分配　（所法161①十六）			
⑯その他の国内源泉所得　（所法161①十七）	所法161①一		

（所通164-1〔表5〕を参考に作成）

□　次表の網掛け部分は、法法141各号に掲げる外国法人の区分に応じその各号に定める国内源泉所得を示す。

本　　法	施行令・施行規則
ロ　法人税法第2条第5号に規定する公共法人の 　うち政令で定めるものに対する支払利子等（ニ 　に掲げる支払利子等を除く。ロにおいて同じ。） 　　当該政令で定める公共法人に対する支払利子 　等の額	【措令39の13の2】 7　法第66条の5の2第2項第3号ロに規定する政令で定めるものは、 　沖縄振興開発金融公庫、株式会社国際協力銀行、株式会社日本政策金 　融公庫及び財務省令で定める独立行政法人とする。 【措規22の10の7】 2　施行令第39条の13の2第7項に規定する財務省令で定める独立行政 　法人は、独立行政法人奄美群島振興開発基金及び年金積立金管理運用 　独立行政法人とする。
ハ　特定債券現先取引等（前条第5項第8号に規定 　する特定債券現先取引等をいう。）に係るものと	【措令39の13の2】 8　法第66条の5の2第2項第3号ハに規定する政令で定める支払利子

通達・逐条解説

所得の種類 ＼ 外国法人の区分		恒久的施設を有する外国法人 (法法141一)		恒久的施設を有しない外国法人 (法法141二)
		恒久的施設帰属所得 (法法141一イ)	その他の所得 (法法141一ロ)	
（事業所得）				
①国内にある資産の運用・保有 　（(6)から(13)に該当するものを除く。）	（法法138①二）			
②国内にある資産の譲渡 （右のものに限る。）	国内にある不動産の譲渡 （法法138①三 法令178①一）			
	国内にある不動産の上に存する権利等の譲渡 （法法138①三 法令178①二）			
	国内にある山林の伐採又は譲渡 （法法138①三 法令178①三）			
	買集めした内国法人株式の譲渡 （法法138①三 法令178①四イ）	法法138①一		
	事業譲渡類似株式の譲渡 （法法138①三 法令178①四ロ）			
	不動産関連法人株式の譲渡 （法法138①三 法令178①五）			
	国内のゴルフ場の所有・経営に係る法人の株式の譲渡 （法法138①三 法令178①六）			
	国内のゴルフ場等の利用に関する権利の譲渡 （法法138①三 法令178①七）			
③人的役務の提供事業の対価	（法法138①四）			
④国内不動産の賃貸料等	（法法138①五）			
⑤その他の国内源泉所得	（法法138①六）			
(6)利子等	（所法161①八）			
(7)配当等	（所法161①九）			
(8)貸付金利子	（所法161①十）			
(9)使用料等	（所法161①十一）			
(10)事業の広告宣伝のための賞金	（所法161①十三）			
(11)生命保険契約に基づく年金等	（所法161①十四）			
(12)定期積金の給付補填金等	（所法161①十五）			
(13)匿名組合契約等に基づく利益の分配	（所法161①十六）			

(H26-686を参考に作成)

解　説　措法66の5の2②三ロ・措令39の13の2⑦・措規22の10の7②

□　❶沖縄振興開発金融公庫、❷株式会社国際協力銀行、❸株式会社日本政策金融公庫、❹独立行政法人奄美群島振興開発基金及び❺年金積立金管理運用独立行政法人に対する支払利子等（注）の額は、本制度の対象となる支払利子等から除外される「対象外支払利子等の額」に該当する。

（注）措令66の5の2②三ニに掲げる支払利子等を除く。

解　説　措法66の5の2②三ハ・措令39の13の2⑧～⑪

□　債券現先取引等に係る利子については、対象となる債券を通じて、支払利子と受取利子の対応関係を特定することが可能で

本　　法	施行令・施行規則
して政令で定める支払利子等（ロ及びニに掲げる支払利子等を除く。ハにおいて同じ。） 　当該政令で定める支払利子等の額のうち政令で定める金額	等は、除外対象特定債券現先取引等（特定債券現先取引等（同号ハに規定する特定債券現先取引等をいう。以下この項において同じ。）で当該特定債券現先取引等に係る支払利子等が当該支払利子等を受ける者の課税対象所得に含まれないものをいう。次項及び第10項において同じ。）に係る支払利子等とする。 9　法第66条の5の2第2項第3号ハに規定する政令で定める金額は、除外対象特定債券現先取引等に係る支払利子等の額に、当該除外対象特定債券現先取引等に係る調整後平均負債残高を当該除外対象特定債券現先取引等に係る負債に係る平均負債残高（当該事業年度の当該負債の帳簿価額の平均的な残高として合理的な方法により計算した金額をいう。次項において同じ。）で除して得た割合を乗じて計算した金額とする。 10　前項に規定する調整後平均負債残高とは、除外対象特定債券現先取引等に係る負債に係る平均負債残高（当該平均負債残高が当該除外対象特定債券現先取引等に係る対応債券現先取引等（前条第28項に規定する場合における同項第1号の現金担保付債券貸借取引又は同項第2号の債券現先取引をいう。）に係る資産に係る平均資産残高（当該事業年度の当該資産の帳簿価額の平均的な残高として合理的な方法により計算した金額をいう。）を超える場合には、当該平均資産残高）をいう。 11　前二項の帳簿価額は、当該法人がその会計帳簿に記載した資産又は負債の金額によるものとする。

通達・逐条解説

あることや、現在の金融市場において債券現先取引等が果たしている金融仲介機能といった点を考慮して、貸付けと借入れとの間に対応関係があると認められる部分について、本制度の対象外とすることとされている（H24-566）。具体的には、次の算式により計算した金額は、本制度の対象となる支払利子等から除外される「対象外支払利子等の額」に該当する。

《算式》

$$
\text{除外対象特定債券現先取引等に係る支払利子等（注1）の額} \times \frac{\text{除外対象特定債券現先取引等に係る調整後平均負債残高}}{\text{除外対象特定債券現先取引等に係る負債に係る平均負債残高（注2）}}
$$

（注1）措令66の5の2②三ロ・ニに掲げる支払利子等を除く。

（注2）その事業年度のその負債の帳簿価額（その法人がその会計帳簿に記載した負債の金額による。）の平均的な残高として合理的な方法により計算した金額をいう。

□　「除外対象特定債券現先取引等」などの用語の意義は、次の通りである。

①	除外対象特定債券現先取引等	特定債券現先取引等（注1）で、その特定債券現先取引等に係る支払利子等がその支払利子等を受ける者の課税対象所得に含まれないもの
②	調整後平均負債残高	（原則） 除外対象特定債券現先取引等に係る負債に係る平均負債残高（注2） （例外） 除外対象特定債券現先取引等に係る負債に係る平均負債残高がその除外対象特定債券現先取引等に係る対応債券現先取引等（注3）に係る資産に係る平均資産残高（注4）を超える場合には、その平均資産残高

（注1）「特定債券現先取引等」とは、現金担保付債券貸借取引で借り入れた債券又は債券現先取引で購入した債券を、別の現金担保付債券貸借取引で貸し付ける場合又は別の債券現先取引で譲渡する場合におけるその別の現金担保付債券貸借取引又は債券現先取引をいう（措法66の5⑤八・措令39の13㉘）。

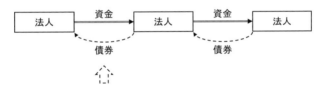

（注2）その事業年度のその負債の帳簿価額（その法人がその会計帳簿に記載した負債の金額による。）の平均的な残高として合理的な方法により計算した金額をいう。

（注3）「対応債券現先取引等」とは、現金担保付債券貸借取引で借り入れた債券又は債券現先取引で購入した債券を、別の現金担保付債券貸借取引で貸し付ける場合又は別の債券現先取引で譲渡する場合におけるその先行する現金担保付債券貸借取引又は債券現先取引をいう（措令39の13の2⑩・39の13㉘）。

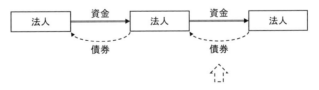

（注4）その事業年度のその資産の帳簿価額（その法人がその会計帳簿に記載した資産の金額による。）の平均的な残高として合理的な方法により計算した金額をいう。

（除外対象特定債券現先取引等に係る負債の帳簿価額の平均的な残高の意義）

措通66の5の2-7　措置法令第39条の13の2第9項に規定する「当該事業年度の当該負債の帳簿価額の平均的な残高として合理的な方法により計算した金額」とは、例えば、除外対象特定債券現先取引等（同条第8項に規定する除外対象特定債券現先取引等をいう。以下同じ。）に係る負債の帳簿価額の日々の平均残高又は各月末の平均残高等、その事業年度を通じた負債の帳簿価額の平均的な残高をいうものとする。

（注）　その事業年度の開始の時及び終了の時における除外対象特定債券現先取引等に係る負債の帳簿価額の平均額は、「平均的な残高として合理的な方法により計算した金額」に該当しない。

備考　本制度の適用上、除外対象特定債券現先取引等に係る支払利子等の額に、一定の割合を乗じて計算した金額は、対象支払利子等の額から除くこととされる（措法66の5の2②三ハ）。当該一定の割合とは、当該除外対象特定債券現先取引等に係る調整後平均負債残高を当該除外対象特定債券現先取引等に係る負債に係る平均負債残高で除した割合をいう。この場合の除外対

本　　法	施行令・施行規則

通達・逐条解説

象特定債券現先取引等に係る負債に係る平均負債残高は、「当該事業年度の当該負債の帳簿価額の平均的な残高として合理的な方法により計算した金額」によることとされているが（措令39の13の2⑨）、法令上、具体的にどのような計算によれば合理的なのか必ずしも明らかでない。そこで、本通達において、「当該事業年度の当該負債の帳簿価額の平均的な残高として合理的な方法により計算した金額」の意義が明らかにされている。なお、「当該事業年度の当該負債の帳簿価額の平均的な残高」とは、その事業年度を通じた残高をいうから、少なくとも各月末の平均残高以上の精度をもって計算することが予定されており、その事業年度の期首と期末の負債の帳簿価額の残高の平均額はこれに該当しないことが、本通達の注書において明らかにされている（趣旨説明 H24-13・14）。

（除外対象特定債券現先取引等に係る平均負債残高の計算方法）

措通66の5の2-8　除外対象特定債券現先取引等に係る負債に係る平均負債残高（措置法令第39条の13の2第9項に規定する平均負債残高をいう。以下同じ。）は、例えば、同一銘柄ごとに債券を区分し、債券現先取引及び現金担保付債券貸借取引（措置法第66条の5第5項第8号に規定する債券現先取引及び現金担保付債券貸借取引をいう。以下同じ。）に係る借入金又は貸付金の月末残高のうちいずれか少ない金額をもって除外対象特定債券現先取引等に係る負債の月末残高とし、当該事業年度における平均残高を除外対象特定債券現先取引等に係る負債に係る平均負債残高としても差し支えないものとする。

備考　本制度の適用上、除外対象特定債券現先取引等に係る支払利子等の額に、一定の割合を乗じて計算した金額は、対象支払利子等の額から除くこととされる（措法66の5の2②三ハ）。当該一定の割合とは、当該除外対象特定債券現先取引等に係る調整後平均負債残高を当該除外対象特定債券現先取引等に係る負債に係る平均負債残高で除した割合をいう。この場合の平均負債残高は、現金担保付債券貸借取引又は債券現先取引（以下「債券現先取引等」という。）により借り入れた債券又は購入した債券で、別の債券現先取引等により貸付け又は譲渡されているものを一つ一つひも付きで管理し、これらの取引に係る負債（借入金）の日々の平均残高又は各月末の平均残高等を計算し、その事業年度における平均負債残高を求めるのが原則である（措通66の5の2-7）。しかしながら、これらの取引は、通常、外貨を調達するために日々反復して大量に行われるものであるから、本通達では、企業にとっての事務負担を考慮して、簡便的な計算方法が明らかにされている。すなわち、債券を同一銘柄ごとに区分し、同一銘柄の債券について、債券現先取引等により調達した債券に係る資産（貸付金）の月末残高及び債券現先取引等により使用した債券に係る負債（借入金）の月末残高を算出し、それぞれの残高を比較していずれか少ない金額を特定債券現先取引等に係る負債の月末残高とみなして、特定債券現先取引等に係る平均負債残高を求めることとしても差し支えない旨が明らかにされている（趣旨説明 H24-15）。

（対応債券現先取引等に係る資産の帳簿価額の平均的な残高の意義）

措通66の5の2-9　措置法令第39条の13の2第10項に規定する「当該事業年度の当該資産の帳簿価額の平均的な残高として合理的な方法により計算した金額」とは、例えば、除外対象特定債券現先取引等に係る同項に規定する対応債券現先取引等（以下「対応債券現先取引等」という。）に係る資産の帳簿価額の日々の平均残高又は各月末の平均残高等、その事業年度を通じた資産の帳簿価額の平均的な残高をいうものとする。

（注）　その事業年度の開始の時及び終了の時における対応債券現先取引等に係る資産の帳簿価額の平均額は、「平均的な残高として合理的な方法により計算した金額」に該当しない。

備考　本制度の適用上、除外対象特定債券現先取引等に係る支払利子等の額に、一定の割合を乗じて計算した金額は、対象支払利子等の額から除くこととされる（措法66の5の2②三ハ）。当該一定の割合とは、当該除外対象特定債券現先取引等に係る調整後平均負債残高を当該除外対象特定債券現先取引等に係る負債に係る平均負債残高で除した割合をいう。この場合の調整後平均負債残高とは、除外対象特定債券現先取引等に係る負債に係る平均負債残高と、当該除外対象特定債券現先取引等に係る対応債券現先取引等に係る資産に係る平均資産残高とのいずれか少ない金額をいうこととされ、対応債券現先取引等に係る資産に係る平均資産残高は、「当該事業年度の当該資産の帳簿価額の平均的な残高として合理的な方法により計算した金額」によることとされているが（措令39の13の2⑩）、法令上、具体的にどのような計算によれば合理的なのか必ずしも明らかでない。そこで、本通達において、「当該事業年度の当該資産の帳簿価額の平均的な残高として合理的な方法により計算した金額」の意義が明らかにされている。なお、「当該事業年度の当該資産の帳簿価額の平均的な残高」とは、その事業年度を通じた残高をいうから、少なくとも各月末の平均残高以上の精度をもって計算することが予定されており、その事業年度の期首と期末の資産の帳簿価額の残高の平均額はこれに該当しないことが、本通達の注書において明らかにされている（趣旨説明 H24-16）。

（除外対象特定債券現先取引等に係る支払利子等の額の計算方法）

措通66の5の2-10　措置法令第39条の13の2第9項の「除外対象特定債券現先取引等に係る支払利子等の額」は、法人が除外対象特定債券現先取引等に係る負債に係る平均負債残高について66の5の2-8により計算している場合にあっては、例えば、同一銘柄ごとに債券を区分し、月ごとに、債券現先取引又は現金担保付債券貸借取引に係る支払利子等の額を合計し、その合計した金額に次の(1)の金額を(2)の金額で除して得た割合を乗じて計算した上で、当該事業年度におけるこれらの金額を合計する等合理的な方法により計算した金額とする。

(1)　66の5の2-8により計算する場合の債券現先取引又は現金担保付債券貸借取引に係る借入金又は貸付金の月末残高のうちいずれか少ない金額

本　　法	施行令・施行規則

本　　法	施行令・施行規則
ニ　法人が発行した債券（その取得をした者が実質的に多数でないものとして政令で定めるものを除く。）に係る支払利子等で非関連者に対するもの（(1)において「特定債券利子等」という。） 　　債券の銘柄ごとに次に掲げるいずれかの金額 (1)　その支払若しくは交付の際、その特定債券利子等について所得税法その他所得税に関する法令の規定により所得税の徴収が行われ、又は特定債券利子等を受ける者の課税対象所得に含まれる特定債券利子等の額とロに規定する政令で定める公共法人に対する特定債券利子等（その支払又は交付の際、所得税法その他所得税に関する法令の規定により所得税の徴収が行われるものを除く。）の額との合計額 (2)　(1)に掲げる金額に相当する金額として政令で定めるところにより計算した金額	**【措令39の13の２】** 12　法第66条の５の２第２項第３号ニに規定する政令で定める債券は、債券を発行した日において、当該債券を取得した者の全部が当該債券を取得した者の１人（以下この項において「判定対象取得者」という。）及び次に掲げる者である場合における当該債券とする。 　一　次に掲げる個人 　　イ　当該判定対象取得者の親族 　　ロ　当該判定対象取得者と婚姻の届出をしていないが事実上婚姻関係と同様の事情にある者 　　ハ　当該判定対象取得者の使用人 　　ニ　イからハまでに掲げる者以外の者で当該判定対象取得者から受ける金銭その他の資産によって生計を維持しているもの 　　ホ　ロからニまでに掲げる者と生計を一にするこれらの者の親族 　二　当該判定対象取得者と他の者との間にいずれか一方の者（当該者が個人である場合には、これと法人税法施行令第４条第１項に規定する特殊の関係のある個人を含む。）が他方の者（法人に限る。）を直接又は間接に支配する関係がある場合における当該他の者 　三　当該判定対象取得者と他の者（法人に限る。）との間に同一の者（当該者が個人である場合には、これと法人税法施行令第４条第１項に規定する特殊の関係のある個人を含む。）が当該判定対象取得者及び当該他の者を直接又は間接に支配する関係がある場合における当該他の者 13　前項第２号又は第３号に規定する直接又は間接に支配する関係とは、一方の者と他方の者との間に当該他方の者が次に掲げる法人に該当する関係がある場合における当該関係をいう。 　一　当該一方の者が法人を支配している場合（法人税法施行令第14条の２第２項第１号に規定する法人を支配している場合をいう。）における当該法人 　二　前号若しくは次号に掲げる法人又は当該一方の者及び前号若しくは次号に掲げる法人が他の法人を支配している場合（法人税法施行令第14条の２第２項第２号に規定する他の法人を支配している場合をいう。）における当該他の法人 　三　前号に掲げる法人又は当該一方の者及び同号に掲げる法人が他の法人を支配している場合（法人税法施行令第14条の２第２項第３号に規定する他の法人を支配している場合をいう。）における当該他の法人 14　法第66条の５の２第２項第３号ニ(2)に規定する政令で定めるところにより計算した金額は、次の各号に掲げる債券の区分に応じ当該各号

通達・逐条解説

(2)　66の5の2-8により計算する場合の債券現先取引又は現金担保付債券貸借取引に係る借入金の月末残高

備　考　措通66の5の2-8《除外対象特定債券現先取引等に係る平均負債残高の計算方法》に定める簡便的な計算方法によれば、現金担保付債券貸借取引又は債券現先取引により使用したものに係る負債の月末残高が現金担保付債券貸借取引又は債券現先取引により調達したものに係る資産の月末残高を上回る場合には、平均負債残高とみなされる金額は当該資産の月末残高に相当する金額となるが、この方法を用いる場合の除外対象特定債券現先取引等に係る支払利子等の額は、当該負債に対応する支払利子等の額の全額とするのかどうか疑義が生じ得る。本通達では、合理的な計算方法が明らかにされている（趣旨説明 H24-17）。

（債券現先取引等に係る負債の帳簿価額及び資産の帳簿価額）

措通66の5の2-11　措置法令第39条の13の2第11項の規定により、同条第9項に規定する「負債の帳簿価額」及び同条第10項に規定する「資産の帳簿価額」は、その会計帳簿に記載されているこれらの金額によるのであるから、税務計算上の否認金があっても、当該否認金の額は、これらの金額に関係させないことに留意する。

備　考　措令39の13の2⑨及び措令39の13の2⑩の帳簿価額は、法人が会計上簿に記載した資産又は負債の金額によるものとされているため（措令39の13の2⑪）、たとえ当該負債又は当該資産につき税務計算上の否認金があったとしても、当該否認金は、当該負債又は当該資産の帳簿価額の金額に関係させないことが、本通達において留意的に明らかにされている（趣旨説明 H24-21）。

解　説　措法66の5の2②三ニ・措令39の13の2⑫～⑭

□　法人が発行した債券（注1）に係る支払利子等で非関連者に対するもの（以下「特定債券利子等」という。）の額のうち、次の「原則法」又は「簡便法」のいずれかを選択して判定した金額は、本制度の対象となる支払利子等から除外される「対象外支払利子等の額」に該当する。なお、「原則法」と「簡便法」について優先関係は設けられていないので、債券の銘柄（発行日、利率、償還の方法及び期限、発行地等が同じ債券）ごとにいずれかを選択することとなる（R1-571・572）。

①	原則法（注2）	その支払若しくは交付の際、その特定債券利子等について所得税法その他所得税に関する法令の規定により所得税の徴収が行われ（注4）、又は特定債券利子等を受ける者の課税対象所得に含まれる特定債券利子等の額と❶沖縄振興開発金融公庫、❷株式会社国際協力銀行、❸株式会社日本政策金融公庫、❹独立行政法人奄美群島振興開発基金及び❺年金積立金管理運用独立行政法人に対する特定債券利子等（その支払又は交付の際、所得税法その他所得税に関する法令の規定により所得税の徴収が行われるものを除く。）の額との合計額
②	簡便法（注3）	次の債券の区分に応じそれぞれ次の金額 ①　国内において発行された債券 　　特定債券利子等の額の合計額の95％に相当する金額 ②　国外において発行された債券 　　特定債券利子等の額の合計額の25％に相当する金額

(注1)　その取得をした者が実質的に多数でない債券を除く。具体的には、債券を発行した日において、その債券を取得した者の全部がその債券を取得した者の1人（以下「判定対象取得者」という。）及び次に掲げる者である場合におけるその債券を除く。

①　次に掲げる個人
　　i　その判定対象取得者の親族
　　ii　その判定対象取得者と婚姻の届出をしていないが事実上婚姻関係と同様の事情にある者
　　iii　その判定対象取得者の使用人
　　iv　iからiiiまでに掲げる者以外の者でその判定対象取得者から受ける金銭その他の資産によって生計を維持しているもの
　　v　iiからivまでに掲げる者と生計を一にするこれらの者の親族

②　その判定対象取得者と他の者との間にいずれか一方の者（その者が個人である場合には、これと法令4①に規定する特殊の関係のある個人を含む。）が他方の者（法人に限る。）を直接又は間接に支配する関係がある場合における当該他の者

③　その判定対象取得者と他の者（法人に限る。）との間に同一の者（その者が個人である場合には、これと法令4①に規定する特殊の関係のある個人を含む。）がその判定対象取得者及び当該他の者を直接又は間接に支配する関係がある場合における当該他の者

　　ここで、上記②又は③にいう「直接又は間接に支配する関係」とは、一方の者と他方の者との間にその他方の者が次に掲げる法人に該当する関係がある場合におけるその関係をいう。

①　その一方の者が法人を支配している場合（法令14の2②一に規定する法人を支配している場合をいう。）におけるその法人

本　　法	施行令・施行規則
	に定める金額とする。 一　国内において発行された債券 　　特定債券利子等（法第66条の5の2第2項第3号ニに規定する特定債券利子等をいう。次号において同じ。）の額の合計額の100分の95に相当する金額 二　国外において発行された債券 　　特定債券利子等の額の合計額の100分の25に相当する金額

通達・逐条解説

②　上記①若しくは下記③に掲げる法人又はその一方の者及び上記①若しくは下記③に掲げる法人が他の法人を支配している場合（法令14の2②二に規定する他の法人を支配している場合をいう。）における当該他の法人

③　上記②に掲げる法人又はその一方の者及び上記②に掲げる法人が他の法人を支配している場合（法令14の2②三に規定する他の法人を支配している場合をいう。）における当該他の法人

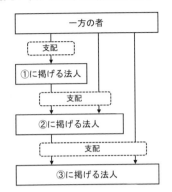

（注2）債券については、保有者が大勢になり、転々流通するため、債券発行会社において利子受領者の課税関係を判断することが困難な場合があることから、利子等を受ける者の課税対象所得に含まれている場合に加え、利子等の支払等の際に源泉徴収が行われる場合にも本制度の対象外とされている（R1-571）。

（注3）債券の発行会社において、源泉徴収の有無を把握することが困難であったり、一部可能であっても事務負担が重かったりすることから、国内発行債券と国外発行債券について、それぞれ、統計上、通常日本で課税されていると考えられる主体がどの程度保有しているかを参照して定められた一定の割合に基づいて計算することができることとされている（R1-571）。

（注4）実際に源泉徴収が行われるかどうかで判定を行うから、所得税法その他所得税に関する法令の規定により源泉徴収の対象となる特定債券利子等の額であっても、租税条約の規定により免税とされる場合には、所得税の徴収が行われるものには該当しない（R1-571）。

□　特定債券利子等に係る対象外支払利子等の額の判定のイメージは、次表の通りである。

銘柄	発行年月日	発行地	発行総額	発行価額	償還期限	利率	判定方法	社債保有者	特定債券利子等の額	備考	対象外支払利子等の額
第1回社債	20X1/10/1	国内	10.000	2,500	20X3/10/1	4%	原則法	A	100	Aの課税対象所得に含まれる	300（A、B、C）
								B	100	Bへの支払の際に源泉徴収あり	
								C	100	Cは一定の公共法人	
								D	100	Dは非居住者（我が国の課税対象所得に含まれない&源泉徴収なし）	
第2回社債	20X1/11/1	国外	10.000	2,500	20X3/11/1	4%	簡便法	E	100	400×25%＝100	100
								F	100		
								G	100		
								H	100		

※A～Hは社債発行会社の関連者に該当しない者とする。

（R1-572）

（法人が発行した債券を取得した者が実質的に多数でないもの）

措通66の5の2-12　金融商品取引業者等（金融商品取引法第34条に規定する金融商品取引業者等又はこれに準ずる外国の法令に基づくものをいう。以下66の5の2-12において同じ。）が会社法第679条に規定する募集社債の総額の引受けを行う契約又はこれに準ずる外国の法令に基づくものを締結し、社債（同法第2条第23号に規定する社債又はこれに準ずる外国の法令に基づくものをい

本　　法	施行令・施行規則
四　関連者 　　法人との間にいずれか一方の法人が他方の法人の発行済株式若しくは出資（自己が有する自己の株式又は出資を除く。以下この号及び次項第2号において「発行済株式等」という。）の総数若しくは総額の100分の50以上の数若しくは金額の株式若しくは出資を直接若しくは間接に保有する関係その他の政令で定める特殊の関係又は個人が法人の発行済株式等の総数若しくは総額の100分の50以上の数若しくは金額の株式若しくは出資を直接若しくは間接に保有する関係その他の政令で定める特殊の関係のあるものをいう。	【措令39の13の2】 15　法第66条の5の2第2項第4号に規定する一方の法人が他方の法人の発行済株式又は出資（自己が有する自己の株式又は出資を除く。以下この条において「発行済株式等」という。）の総数又は総額の100分の50以上の数又は金額の株式等（株式又は出資をいう。以下この条において同じ。）を直接又は間接に保有する関係その他の政令で定める特殊の関係は、次に掲げる関係とする。 一　二の法人のいずれか一方の法人が他方の法人の発行済株式等の総数又は総額の100分の50以上の数又は金額の株式等を直接又は間接に保有する関係 二　二の法人が同一の者（当該者が個人である場合には、当該個人及びこれと法人税法施行令第4条第1項に規定する特殊の関係のある個人）によってそれぞれその発行済株式等の総数又は総額の100分の50以上の数又は金額の株式等を直接又は間接に保有される場合における当該二の法人の関係（前号に掲げる関係に該当するものを除く。） 三　次に掲げる事実その他これに類する事実が存在することにより二の法人のいずれか一方の法人が他方の法人の事業の方針の全部又は一部につき実質的に決定できる関係（前二号に掲げる関係に該当するものを除く。） 　イ　当該他方の法人の役員の2分の1以上又は代表する権限を有する役員が、当該一方の法人の役員若しくは使用人を兼務している者又は当該一方の法人の役員若しくは使用人であった者であること。 　ロ　当該他方の法人がその事業活動の相当部分を当該一方の法人との取引に依存して行っていること。 　ハ　当該他方の法人がその事業活動に必要とされる資金の相当部分を当該一方の法人からの借入れにより、又は当該一方の法人の保証を受けて調達していること。 16　第39条の12第2項及び第3項の規定は、前項第1号及び第2号の発行済株式等の総数又は総額の100分の50以上の数又は金額の株式等を直接又は間接に保有するかどうかの判定について準用する。 17　法第66条の5の2第2項第4号に規定する個人が法人の発行済株式等の総数又は総額の100分の50以上の数又は金額の株式等を直接又は間接に保有する関係その他の政令で定める特殊の関係は、次に掲げる関係とする。 一　個人（当該個人と法人税法施行令第4条第1項に規定する特殊の関係のある個人を含む。次号及び次項において同じ。）が当該法人の発行済株式等の総数又は総額の100分の50以上の数又は金額の株式等を直

<table><tr><td colspan="1">通達・逐条解説</td></tr></table>

う。以下66の5の2-12において同じ。）を取得する場合において、当該社債が発行された日に当該社債を取得した者が当該金融商品取引業者等又は当該金融商品取引業者等から当該社債の販売を目的として取得した他の金融商品取引業者等のみであっても、複数の者（措置法令第39条の13の2第12項各号に掲げる者を除く。以下66の5の2-12において同じ。）が、その発行された日までに当該金融商品取引業者等又は当該他の金融商品取引業者等に対して当該社債の買付けの申込みをしており、かつ、当該複数の者が当該申込みの際に定められた払込みの期日までに当該社債に係る払込みをしているときには、当該社債は措置法第66条の5の2第2項第3号ニに規定する「その取得をした者が実質的に多数でないものとして政令で定めるもの」には該当しない。

備考　金融商品取引業者等が、募集社債の総額の引受けを行う契約又はこれに準ずる外国の法令に基づくものを締結し、社債を取得する場合において、当該社債が発行された日に当該社債を取得した者が当該金融商品取引業者等又は当該金融商品取引業者等から当該社債の販売を目的として取得した他の金融商品取引業者等のみであっても、複数の者が、その発行された日までに当該金融商品取引業者等又は当該他の金融商品取引業者等に対して当該社債の買付けの申込みをしており、かつ、当該複数の者が当該申込みの際に定められた払込期日までに当該社債に係る払込みをしているときには、当該社債は措法66の5の2②三ニに規定する「その取得をした者が実質的に多数でないものとして政令で定めるもの」には該当しないことが明らかにされている。

<table><tr><td>4　関連者</td></tr></table>

解説　措法66の5の2②四・措令39の13の2⑮⑯

□　法人である「関連者」は、次の関係を有する法人である。

①　二の法人のいずれか一方の法人が他方の法人の発行済株式等の50％以上を直接又は間接に保有する（注）関係
（注）発行済株式等の50％以上を直接又は間接に保有するかどうかの判定については、移転価格税制の規定（措令39の12②③）を準用することとされている。

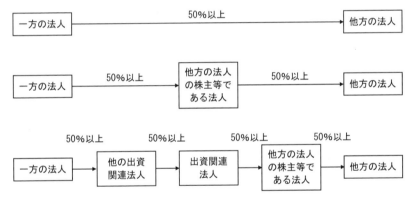

(H24-562を一部加工)

②　二の法人が同一の者（その者が個人である場合には、その個人及びこれと法令4①に規定する特殊の関係のある個人）によってそれぞれその発行済株式等の50％以上を直接又は間接に保有される（注）場合における当該二の法人の関係（上記①に掲げる関係に該当するものを除く。）
（注）発行済株式等の50％以上を直接又は間接に保有するかどうかの判定については、移転価格税制の規定（措令39の12②③）を準用することとされている。

（注）　個人にはその個人と特殊の関係のある個人（親族等）が含まれる。

(H24-562を一部加工)

③　次に掲げる事実その他これに類する事実が存在することにより二の法人のいずれか一方の法人が他方の法人の事業の方針の全部又は一部につき実質的に決定できる関係（上記①又は②に掲げる関係に該当するものを除く。）
ⅰ　その他方の法人の役員の2分の1以上又は代表する権限を有する役員が、その一方の法人の役員若しくは使用人を兼務している者又はその一方の法人の役員若しくは使用人であった者であること。

本　　法	施行令・施行規則
	接又は間接に保有する関係

接又は間接に保有する関係
二　当該法人と個人との間に次に掲げる事実その他これに類する事実が存在することにより、当該個人が当該法人の事業の方針の全部又は一部につき実質的に決定できる関係（前号に掲げる関係に該当するものを除く。）
　イ　当該法人がその事業活動の相当部分を当該個人との取引に依存して行っていること。
　ロ　当該法人がその事業活動に必要とされる資金の相当部分を当該個人からの借入れにより、又は当該個人の保証を受けて調達していること。
18　前項第1号の場合において、個人が当該法人の発行済株式等の総数又は総額の100分の50以上の数又は金額の株式等を直接又は間接に保有するかどうかの判定は、当該個人の当該法人に係る直接保有の株式等の保有割合（当該個人の有する当該法人の株式等の数又は金額が当該法人の発行済株式等の総数又は総額のうちに占める割合をいう。）と当該個人の当該法人に係る間接保有の株式等の保有割合とを合計した割合により行うものとする。
19　前項に規定する間接保有の株式等の保有割合とは、次の各号に掲げる場合の区分に応じ当該各号に定める割合（当該各号に掲げる場合のいずれにも該当する場合には、当該各号に定める割合の合計割合）をいう。
一　前項の当該法人の法人税法第2条第14号に規定する株主等である法人（以下この項において「株主法人」という。）の発行済株式等の総数又は総額の100分の50以上の数又は金額の株式等が前項の個人により所有されている場合
　　当該株主法人の有する当該法人の株式等の数又は金額が当該法人の発行済株式等の総数又は総額のうちに占める割合（当該株主法人が2以上ある場合には、当該2以上の株主法人につきそれぞれ計算した割合の合計割合）
二　前項の当該法人の株主法人（前号に掲げる場合に該当する同号の株主法人を除く。）と同項の個人との間にこれらの者と発行済株式等の所有を通じて連鎖関係にある1又は2以上の法人（以下この号において「出資関連法人」という。）が介在している場合（出資関連法人及び当該株主法人がそれぞれその発行済株式等の総数又は総額の100分の50以上の数又は金額の株式等を当該個人又は出資関連法人（その発行済株式等の総数又は総額の100分の50以上の数又は金額の株式等が当該個人又は他の出資関連法人によって所有されているものに限る。）によって所有されている場合に限る。）
　　当該株主法人の有する当該法人の株式等の数又は金額が当該法人の発行済株式等の総数又は総額のうちに占める割合（当該株主法人が2以上ある場合には、当該2以上の株主法人につきそれぞれ計算した割合の合計割合）

<table>
<tr><td colspan="2" align="center">通達・逐条解説</td></tr>
</table>

ⅱ　その他方の法人がその事業活動の相当部分をその一方の法人との取引に依存して行っていること。

ⅲ　その他方の法人がその事業活動に必要とされる資金の相当部分をその一方の法人からの借入れにより、又はその一方の法人の保証を受けて調達していること。

次の事実により他方の法人の事業方針を実質的に決定
①一方の法人が他方の法人へ役員を派遣していること
②他方の法人が一方の法人と相当部分の取引を依存していること
③他方の法人が一方の法人から相当部分の借り入れをしていること

```
┌─────────┐                              ┌─────────┐
│ 一方の法人 │ ────────────────────────────▶ │ 他方の法人 │
└─────────┘                              └─────────┘
```

(H24-562)

□　ある者が、本制度の適用を受ける法人に係る関連者に該当するかどうかの判定は、その法人の各事業年度終了の時の現況によるものとされている（措法66の5の2⑪・措令39の13の2⑳）。

参考条文

【措令39の12】

2　前項第1号の場合において、一方の法人が他方の法人の発行済株式等の100分の50以上の数又は金額の株式又は出資を直接又は間接に保有するかどうかの判定は、当該一方の法人の当該他方の法人に係る直接保有の株式等の保有割合（当該一方の法人の有する当該他方の法人の株式又は出資の数又は金額が当該他方の法人の発行済株式等のうちに占める割合をいう。）と当該一方の法人の当該他方の法人に係る間接保有の株式等の保有割合とを合計した割合により行うものとする。

3　前項に規定する間接保有の株式等の保有割合とは、次の各号に掲げる場合の区分に応じ当該各号に掲げる割合（当該各号に掲げる場合のいずれにも該当する場合には、当該各号に掲げる割合の合計割合）をいう。

一　前項の他方の法人の株主等（法人税法第2条第14号に規定する株主等をいう。次号において同じ。）である法人の発行済株式等の100分の50以上の数又は金額の株式又は出資が同項の一方の法人により所有されている場合

　　当該株主等である法人の有する当該他方の法人の株式又は出資の数又は金額が当該他方の法人の発行済株式等のうちに占める割合（当該株主等である法人が2以上ある場合には、当該2以上の株主等である法人につきそれぞれ計算した割合の合計割合）

二　前項の他方の法人の株主等である法人（前号に掲げる場合に該当する同号の株主等である法人を除く。）と同項の一方の法人との間にこれらの者と発行済株式等の所有を通じて連鎖関係にある1又は2以上の法人（以下この号において「出資関連法人」という。）が介在している場合（出資関連法人及び当該株主等である法人がそれぞれその発行済株式等の100分の50以上の数又は金額の株式又は出資を当該一方の法人又は出資関連法人（その発行済株式等の100分の50以上の数又は金額の株式又は出資が当該一方の法人又は他の出資関連法人によって所有されているものに限る。）によって所有されている場合に限る。）

　　当該株主等である法人の有する当該他方の法人の株式又は出資の数又は金額が当該他方の法人の発行済株式等のうちに占める割合（当該株主等である法人が2以上ある場合には、当該2以上の株主等である法人につきそれぞれ計算した割合の合計割合）

【法令4】

1　法第2条第10号（同族会社の意義）に規定する政令で定める特殊の関係のある個人は、次に掲げる者とする。
一　株主等の親族
二　株主等と婚姻の届出をしていないが事実上婚姻関係と同様の事情にある者
三　株主等（個人である株主等に限る。次号において同じ。）の使用人
四　前三号に掲げる者以外の者で株主等から受ける金銭その他の資産によって生計を維持しているもの
五　前三号に掲げる者と生計を一にするこれらの者の親族

解　説　措法66の5の2②四・措令39の13の2⑰〜⑲

□　個人である「関連者」は、次の関係を有する個人である。

①　個人（その個人と法令4①に規定する特殊の関係のある個人を含む。）がその法人の発行済株式等の50％以上を直接又は間接に保有する（注）関係

　　（注）個人がその法人の発行済株式等の50％以上を直接又は間接に保有するかどうかの判定は、その個人のその法人に係る直接保有の株式等の保有割合とその個人のその法人に係る間接保有の株式等の保有割合とを合計した割合により行う。

本　　法	施行令・施行規則

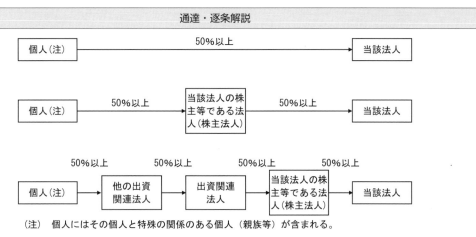

| | | 通達・逐条解説 |

（注）　個人にはその個人と特殊の関係のある個人（親族等）が含まれる。

(H24-563を一部加工)

②　法人と個人（その個人と法令４①に規定する特殊の関係のある個人を含む。）との間に次に掲げる事実その他これに類する事実が存在することにより、その個人がその法人の事業の方針の全部又は一部につき実質的に決定できる関係（上記①に掲げる関係に該当するものを除く。）

　ⅰ　法人がその事業活動の相当部分をその個人との取引に依存して行っていること。

　ⅱ　法人がその事業活動に必要とされる資金の相当部分をその個人からの借入れにより、又はその個人の保証を受けて調達していること。

　　　　　次の事実により法人の事業方針を実質的に決定
　　　　　　①法人が個人と相当部分の取引を依存していること
　　　　　　②法人が個人から相当部分の借り入れをしていること

（注）　個人にはその個人と特殊の関係のある個人（親族等）が含まれる。

(H24-563を一部加工)

□　「直接保有の株式等の保有割合」などの用語の意義は、次の通りである。

①	直接保有の株式等の保有割合	個人の有する法人の株式等の数又は金額がその法人の発行済株式等の総数又は総額のうちに占める割合
②	間接保有の株式等の保有割合	次の区分に応じそれぞれ次の割合（いずれにも該当する場合には、その割合の合計割合） ⅰ　法人の株主等である法人（以下「株主法人」という。）の発行済株式等の50％以上がその個人により所有されている場合 　その株主法人の有するその法人の株式等の数又は金額がその法人の発行済株式等の総数又は総額のうちに占める割合（その株主法人が２以上ある場合には、当該２以上の株主法人につきそれぞれ計算した割合の合計割合） ⅱ　法人の株主法人（上記ⅰに掲げる場合に該当する株主法人を除く。）とその個人との間にこれらの者と発行済株式等の所有を通じて連鎖関係にある１又は２以上の法人（以下「出資関連法人」という。）が介在している場合（その個人とその出資関連法人との間、及びその出資関連法人とその株主法人との間に、それぞれ50％以上の株式等の持株割合等の連鎖がある場合に限る。） 　その株主法人の有するその法人の株式等の数又は金額がその法人の発行済株式等の総数又は総額のうちに占める割合（その株主法人が２以上ある場合には、当該２以上の株主法人につきそれぞれ計算した割合の合計割合）

参考条文
【法令４】
1　法第２条第10号（同族会社の意義）に規定する政令で定める特殊の関係のある個人は、次に掲げる者とする。
　一　株主等の親族
　二　株主等と婚姻の届出をしていないが事実上婚姻関係と同様の事情にある者
　三　株主等（個人である株主等に限る。次号において同じ。）の使用人

本　　　法	施行令・施行規則
五　非関連者 　　法人に係る関連者以外の者をいう。	
六　控除対象受取利子等合計額 　　当該事業年度の受取利子等の額の合計額を当該事業年度の対象支払利子等合計額の当該事業年度の支払利子等の額の合計額に対する割合で按分した金額として政令で定める金額をいう。	【措令39の13の2】 21　法第66条の5の2第2項第6号に規定する政令で定める金額は、同条第1項の法人（以下この項において「適用対象法人」という。）の当該事業年度の受取利子等（同条第2項第7号に規定する受取利子等をいう。以下この項において同じ。）の額（当該適用対象法人との間に連結完全支配関係がある連結法人から受けるものを除く。以下この項において同じ。）から第8項に規定する除外対象特定債券現先取引等に係る第10項に規定する対応債券現先取引等に係る受取利子等の額を控除した金額（当該適用対象法人に係る関連者のうち法第2条第1項第1号の2に規定する居住

通達・逐条解説	

四　前三号に掲げる者以外の者で株主等から受ける金銭その他の資産によって生計を維持しているもの
五　前三号に掲げる者と生計を一にするこれらの者の親族

（発行済株式－払込未済株式）

措通66の5の2-13　措置法第66条の5の2第2項第4号の「発行済株式」には、その株式の払込み又は給付の金額（以下「払込金額等」という。）の全部又は一部について払込み又は給付（以下「払込み等」という。）が行われていないものも含まれるものとする。

（備考）　外国法人の中には、その所在地の設立の根拠となった会社法等の規定により、その株式の払込金額等の全部又は一部の払込み等を留保しているものが存在するが、この場合、その発行価額の全部又は一部の払込み等が行われていない株式等についても、株主たる地位が与えられているのが通例であり、そのような株式を発行している外国法人が関連者等に該当するかどうかを判定する場合には、その払込み等が行われていない株式等をその判定の基礎となる株式等に含めるのが相当であると考えられる。本通達では、外国法人が関連者等に該当するかどうかの判定を行う場合のこのような株式の取扱いが明らかにされている（趣旨説明H24-2）。

（直接又は間接保有の株式）

措通66の5の2-14　措置法第66条の5の2第2項第4号に規定する特殊の関係にあるかどうかを判定する場合の直接又は間接に保有する株式には、その払込金額等の全部又は一部について払込み等が行われていないものが含まれるものとする。

（備考）　本通達では、特殊の関係にあるかどうかの判定を行う場合の「直接又は間接に保有する株式」には、その株式の払込金額等の全部又は一部について払込み等が行われていないものも含まれるものとして取り扱うことが明らかにされている。

（名義株がある場合の直接又は間接保有の株式）

措通66の5の2-15　措置法第66条の5の2第2項第4号に規定する特殊の関係の有無の判定において、名義株は、その実際の権利者が保有するものとしてその判定を行うことに留意する。

（備考）　本通達は、名義株を放置することにより、本制度による課税が回避される等、弊害も少なくないことから、その実際の株主を追求して適正公平な課税関係を実現しようというもので、法通1-3-2《名義株についての株主等の判定》と同趣旨のものである（趣旨説明H24-4）。

（実質的支配関係があるかどうかの判定）

措通66の5の2-16　措置法令第39条の13の2第15項第3号に規定する「その他これに類する事実」とは、例えば、次に掲げるような事実をいう。

(1)　一方の法人が他方の法人から提供される事業活動の基本となる工業所有権（特許権、実用新案権、意匠権及び商標権をいう。）、ノウハウ等に依存してその事業活動を行っていること。

(2)　一方の法人の役員の2分の1以上又は代表する権限を有する役員が他方の法人によって実質的に決定されていると認められる事実があること。

(注)　措置法令第39条の13の2第17項第2号に規定する「その他これに類する事実」については、(1)又は(2)の「一方の法人」は「法人」と、「他方の法人」は「個人」と読み替えて適用する。

（備考）　措令39の13の2⑮三は、必ずしも株式の保有関係がなくとも支配・被支配の関係が成立し得ることに対処するためのものであり、措令39の13の2⑮三イ～ハに掲げた事実が存在しない場合でも、「これに類する事実」が存在するときは実質支配の関係があることとなるという趣旨のものである。そこで、この場合の「これに類する事実」とはどのような事実をいうのかが疑問となるが、本通達において、実質的支配関係の基となる事実の例示として、2つのケースが掲げられている。なお、本通達に掲げられたケースは、あくまでも例示であり、他に同じような取扱いをすべき事実があれば、その実態に応じた取扱いがなされることになる（趣旨説明H24-5）。

5　非関連者

解説　措法66の5の2②五

□　「非関連者」とは、その法人に係る関連者以外の者をいう。

6　控除対象受取利子等合計額

解説　措法66の5の2②六・措令39の13の2㉑

□　「控除対象受取利子等合計額」とは、次の算式により計算した金額をいう。

《算式》

本　　法	施行令・施行規則
	者、内国法人、同項第5号に規定する恒久的施設を有する同項第1号の2に規定する非居住者又は恒久的施設を有する外国法人（以下この項において「国内関連者等」という。）から受ける受取利子等の額にあっては、各国内関連者等の別に計算した当該控除した金額と、当該適用対象法人の当該事業年度の期間と同一の期間において当該各国内関連者等が非国内関連者等（当該適用対象法人及び当該適用対象法人に係る他の国内関連者等以外の者をいう。）から受けた受取利子等の額とのうちいずれか少ない金額とする。）の合計額に、当該適用対象法人の当該事業年度の支払利子等の額（第9項の規定により計算した金額を除く。）の合計額のうちに対象支払利子等合計額（法第66条の5の2第1項に規定する対象支払利子等合計額をいう。第29項第1号において同じ。）の占める割合を乗じて計算した金額とする。

通達・逐条解説

$$\left[\begin{array}{l}\text{法人が非国内関連}\\\text{者等から受ける受}\\\text{取利子等（注1）}\\\text{の額（注2）の合}\\\text{計額}\end{array}+\begin{array}{l}\text{法人が各国内関連者等から受ける受取利子}\\\text{等（注1）の額（注2、3）と法人の事業}\\\text{年度の期間と同一の期間において各国内関}\\\text{連者等が非国内関連者等から受けた受取利}\\\text{子等の額とのうちいずれか少ない金額（注}\\\text{4）の合計額}\end{array}\right]\times\dfrac{\text{対象支払利子等合計額}}{\text{法人の支払利子等の額の合計額（注5）}}$$

(R1-573を一部加工)

（注1）法人が支払を受ける利子（これに準ずるものとして一定のものを含む。）をいう（措法66の5の2②七の**解　説**参照）。

（注2）除外対象特定債券現先取引等に係る対応債券現先取引等に係る受取利子等の額を控除する。

（注3）法人との間に連結完全支配関係がある連結法人から受けるものを除く。

（注4）法人が国内関連者等に貸付けを行い、利子を受け取ることによって、対象純支払利子等の額を少なくし、本制度の適用を免れると同時に、国内関連者等の課税所得を減少させることが可能となる。「いずれか少ない金額」とされているのは、このようなループホールを防止する観点から、その法人が、国内関連者等から受ける受取利子等について、控除対象受取利子等合計額への算入を制限する趣旨である。例えば、次図では、法人が国内関連者Aから受ける受取利子a 100のうち控除対象受取利子等合計額に算入することができるのは80（受取利子a 100と受取利子b 80とのいずれか少ない金額）に制限される（H24-568）。

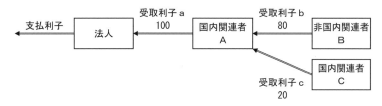

(H24-568を一部加工)

（注5）除外対象特定債券現先取引等に係る支払利子等の額に、その除外対象特定債券現先取引等に係る調整後平均負債残高を、その除外対象特定債券現先取引等に係る負債に係る平均負債残高で除して得た割合を乗じて計算した金額（措令39の13の2⑨）を除く。

☐　本制度においては、損金不算入の対象となる支払利子等が一定の支払利子等に限定されているから、対象純支払利子等の額の計算において控除の対象となる受取利子等についても、何らかの基準で限定をかける必要がある。支払利子等と受取利子等の紐付き関係を特定することができれば良いが、これは困難である。そこで、控除の対象となる受取利子等を限定するための一定の合理性がある方法として、受取利子等の額の合計額をその事業年度の対象支払利子等の額の合計額のその事業年度の支払利子等の額の合計額に対する割合で比例按分することとされている（R24-567〜568）。

☐　「国内関連者等」などの用語の意義は、次の通りである。

①	国内関連者等	その法人に係る関連者のうち居住者、内国法人、恒久的施設を有する非居住者又は恒久的施設を有する外国法人
②	非国内関連者等	「その法人とその法人に係る他の国内関連者等」以外の者

（控除対象受取利子等合計額に含まれる内部利子の額）

措通66の5の2-17　外国法人の措置法第66条の5の2第1項の規定の適用に係る同項に規定する控除対象受取利子等合計額を計算する場合において、法第138条第1項第1号に規定する内部取引において当該外国法人の恒久的施設が当該恒久的施設に係る同号に規定する本店等から受ける措置法第66条の5の2第2項第7号に規定する受取利子等に該当することとなる金額を含めて計算しているときは、これを認める。

（備　考）　外国法人に係る本制度の適用については、対象支払利子等の額については、恒久的施設から外国の本店等に対する内部利子の額が含まれることとされているが（措法66の5の2⑧一イ）、控除対象受取利子等合計額について、外国の本店等から恒久的施設に対する内部利子の額が含まれるかは法令上明らかではない。この点、控除対象受取利子等合計額は、対象支払利子等の額と同じく外国法人の恒久的施設を通じて行う事業に係るものとされていることから（措法66の5の2⑧二）、内部取引において本店等から恒久的施設に対する受取利子等に該当するものも、内部取引において恒久的施設から本店等に対する支払利子等に該当するものと同様に取り扱うことを認める旨が明らかにされている（趣旨説明 H28-1）。

（対応債券現先取引等に係る受取利子等の額の計算方法）

措通66の5の2-18　措置法令第39条の13の2第21項の「対応債券現先取引等に係る受取利子等の額」は、法人が除外対象特定債券現先取引等に係る負債に係る平均負債残高について66の5の2-8により計算している場合にあっては、例えば、同一銘柄ごとに債券を区分し、月ごとに、債券現先取引又は現金担保付債券貸借取引に係る受取利子等の額を合計し、その合

本　　法	施行令・施行規則
七　受取利子等 　　法人が支払を受ける利子（これに準ずるものとして政令で定めるものを含む。）をいう。	【措令39の13の2】 22　法第66条の5の2第2項第7号に規定する支払を受ける利子に準ずるものとして政令で定めるものは、支払を受ける手形の割引料、法人税法第64条の2第3項に規定するリース取引による同条第1項に規定するリース資産の引渡しを行ったことにより受けるべき対価の額のうちに含まれる利息に相当する金額、法人税法施行令第139条の2第1項に規定する償還有価証券に係る同項に規定する調整差益その他経済的な性質が支払を受ける利子に準ずるものとする。

通達・逐条解説

計した金額に次の(1)の金額を(2)の金額で除して得た割合を乗じて計算した上で、当該事業年度におけるこれらの金額を合計する等合理的な方法により計算した金額とする。

(1) 66の５の２-8により計算する場合の債券現先取引又は現金担保付債券貸借取引に係る貸付金又は借入金の月末残高のうちいずれか少ない金額

(2) 66の５の２-8により計算する場合の債券現先取引又は現金担保付債券貸借取引に係る貸付金の月末残高

（備　考）　控除対象受取利子等合計額の計算上、当該事業年度の受取利子等の額から控除することとされる「除外対象特定債券現先取引等に係る対応債券現先取引等に係る受取利子等」とは、本制度の対象となる対象支払利子等の額から除くこととされる除外対象特定債券現先取引等に係る支払利子等との対応関係が認められる債券現先取引等に係る受取利子等である。当該除外対象特定債券現先取引等に係る支払利子等の額の計算については、措通66の５の２-8《除外対象特定債券現先取引等に係る平均負債残高の計算方法》に定める簡便的な計算方法が認められているところであるが、この方法を用いて除外対象特定債券現先取引等に係る支払利子等の額を計算する場合に、これと対応関係が認められる債券現先取引等に係る受取利子等の額はどのような金額を用いるのが妥当かという問題がある。本通達では、この点の取扱いが明らかにされている（趣旨説明 H24-19）。

7　受取利子等

解　説　措法66の５の２②七・措令39の13の２㉒

□　「受取利子等」とは、その支払を受ける利子（これに準ずるものとして下記に該当するものを含む。）をいう。

・支払を受ける手形の割引料

・法法64の２③（リース取引に係る所得の金額の計算）に規定するリース取引による法法64の２①に規定するリース資産の引渡しを行ったことにより受けるべき対価の額のうちに含まれる利息に相当する金額

・法令139の２①（償還有価証券の調整差益又は調整差損の益金又は損金算入）に規定する償還有価証券に係る法令139の２①に規定する調整差益

・その他経済的な性質が支払を受ける利子に準ずるもの（注）

（注）法令136の２①（金銭債務に係る債務者の償還差益又は償還差損の益金又は損金算入）に規定する金銭債務に係る収入額がその債務額を超える部分の金額については、発生することが稀であると解される。仮に発生した場合には、個々の事案の状況によるが、基本的には「その他経済的な性質が支払を受ける利子に準ずるもの」に該当するものと考えられる（H24-569）。

（経済的な性質が利子に準ずるもの）

措通66の５の２-5　措置法令第39条の13の２第２項に規定する「経済的な性質が支払う利子に準ずるもの」には、金銭債権をその債権金額を超える価額で取得した場合において、損金の額に算入される調整差額（基本通達２-１-34の調整差額で損金の額に算入される金額をいう。）が含まれることに留意する。

また、同条第22項に規定する「経済的な性質が支払を受ける利子に準ずるもの」には、金銭債権をその債権金額に満たない価額で取得した場合において、益金の額に算入される調整差額（同通達の調整差額で益金の額に算入される金額をいう。）が含まれることに留意する。

（備　考）　法通２-１-34では、金銭債権をその債権金額を超える価額で取得した場合において、その債権金額とその取得に要した価額との差額相当額（実質的な贈与と認められる部分の金額を除く。以下「取得差額」という。）の全部又は一部が金利の調整により生じたものと認められるときは、原則として、その金銭債権に係る支払期日までの期間の経過に応じ、利息法又は定額法に基づき当該取得差額の範囲内において金利の調整により生じた部分の金額（以下「調整差額」という。）を損金の額に算入することが明らかにされているところであるが、本通達の前段では、その経済的な実質に鑑みて、当該調整差額は、措令39の13の２②の「経済的な性質が支払う利子に準ずるもの」に含まれることが留意的に明らかにされている。また、本通達の後段では、金銭債権をその債権金額に満たない価額で取得した場合において、法通２-１-34により益金の額に算入される調整差額について、同様の観点から対象支払利子等の額の合計額から控除される控除対象受取利子等合計額に含まれることとなる「経済的な性質が支払を受ける利子に準ずるもの」（措令39の13の２㉒）に含まれることが留意的に明らかにされている（趣旨説明 H24-12）。

措法66の5の2③　適用免除

本　　法	施行令・施行規則
【措法66の5の2】 3　第1項の規定は、次のいずれかに該当する場合には、適用しない。	
一　法人の当該事業年度の対象純支払利子等の額が2,000万円以下であるとき。	
二　内国法人及び当該内国法人との間に特定資本関係（一の内国法人が他の内国法人の発行済株式等の総数若しくは総額の100分の50を超える数若しくは金額の株式若しくは出資を直接若しくは間接に保有する関係として政令で定める関係（以下この号において「当事者間の特定資本関係」という。）又は一の内国法人との間に当事者間の特定資本関係がある内国法人相互の関係をいう。）のある他の内国法人（その事業年度開始の日及び終了の日がそれぞれ当該開始の日を含む当該内国法人の事業年度開始の日及び終了の日であるものに限る。）の当該事業年度に係るイに掲げる金額が当該内国法人及び当該他の内国法人の当該事業年度に係るロに掲げる金額の100分の20に相当する金額を超えないとき。 　イ　対象純支払利子等の額の合計額から対象純受取利子等の額（控除対象受取利子等合計額から対象支払利子等合計額を控除した残額をいう。）の合計額を控除した残額 　ロ　イに掲げる金額と比較するための基準とすべき所得の金額として政令で定める金額	【措令39の13の2】 23　法第66条の5の2第3項第2号に規定する政令で定める関係は、一の内国法人の他の内国法人に係る直接保有の株式等の保有割合（当該一の内国法人の有する当該他の内国法人の株式等の数又は金額が当該他の内国法人の発行済株式等の総数又は総額のうちに占める割合をいう。）と当該一の内国法人の当該他の内国法人に係る間接保有の株式等の保有割合とを合計した割合が100分の50を超える場合における当該一の内国法人と当該他の内国法人との間の関係とする。 24　第39条の12第3項の規定は、前項に規定する間接保有の株式等の保有割合について準用する。この場合において、同条第3項第1号中「前項の他方の法人」とあるのは「他の内国法人」と、「である法人」とあるのは「である内国法人」と、「100分の50以上の」とあるのは「100分の50を超える」と、「同項の一方の法人」とあるのは「一の内国法人」と、「当該他方の法人」とあるのは「当該他の内国法人」と、同項第2号中「前項の他方の法人」とあるのは「他の内国法人」と、「である法人」とあるのは「である内国法人」と、「同項の一方の法人」とあるのは「一の内国法人」と、「以上の法人」とあるのは「以上の内国法人」と、「100分の50以上の」とあるのは「100分の50を超える」と、「当該一方の法人」とあるのは「当該一の内国法人」と、「当該他方の法人」とあるのは「当該他の内国法人」と読み替えるものとする。 25　法第66条の5の2第3項（第2号に係る部分に限る。）の規定を適用する場合において、同号に規定する特定資本関係が存在するかどうかの判定は、同号の内国法人の各事業年度終了の時の現況によるものとする。 26　法第66条の5の2第3項第2号ロに規定する政令で定める金額は、同号の内国法人及び当該内国法人との間に同号に規定する特定資本関係のある他の内国法人の当該事業年度に係る同条第1項に規定する調整所得金額の合計額から調整損失金額の合計額を控除した残額とする。 27　第1項の規定は、前項に規定する調整損失金額について準用する。この場合において、第1項中「（当該金額が零を下回る場合には、零）」とあるのは、「が零を下回る場合のその下回る額」と読み替えるものとする。

通達・逐条解説

解説　措法66の５の２③

□　法人が金額基準による少額免除基準（措法66の５の２③一）又は割合基準による少額免除基準（企業グループ単位の適用免除基準）（措法66の５の２③二）のいずれかに該当する場合には、本制度の適用はないこととされている（適用免除に係る適用要件については、措法66の５の２④の**解説**参照）。

解説　措法66の５の２③一

□　金額基準による少額免除基準は、法人のその事業年度の対象純支払利子等の額が2,000万円以下であるときである。

解説　措法66の５の２③二・措令39の13の２㉓～㉗

□　割合基準による少額免除基準（企業グループ単位の適用免除基準）は、内国法人及びその内国法人との間に特定資本関係（注１）のある他の内国法人（その事業年度開始の日及び終了の日がそれぞれその開始の日を含むその内国法人の事業年度開始の日及び終了の日であるものに限る。）のその事業年度に係る①に掲げる金額が②に掲げる金額の20％に相当する金額を超えないときである。

①　対象純支払利子等の額の合計額から対象純受取利子等の額（控除対象受取利子等合計額から対象支払利子等合計額を控除した残額をいう。）の合計額を控除した残額

②　調整所得金額の合計額から調整損失金額（調整所得金額の計算において零を下回る金額が算出される場合のその零を下回る額をいう。）の合計額を控除した残額（注２）

（注１）特定資本関係が存在するかどうかの判定は、内国法人の各事業年度終了の時の現況による。

（注２）調整所得金額の合計額及び調整損失金額の合計額は、内国法人及びその内国法人との間に特定資本関係のある他の内国法人の確定申告書に記載された所得（欠損）金額（以下「所得金額等」という。）を基礎として計算した（※）調整所得（損失）金額の合計額となる。また、内国法人及びその内国法人との間に特定資本関係のある他の内国法人のうちいずれかの法人の所得金額等が修正申告や更正により変更された場合には、その変更後の事業年度の所得金額等を基礎としてその調整所得（損失）金額の合計額を計算することとなる。その結果、割合基準による少額免除基準（企業グループ単位の適用免除基準）に該当しないこととなり、遡って過大支払利子税制の適用を受けることもあり得る（上記①の対象純支払利子等の額の合計額又は対象純受取利子等の額の合計額が、修正申告や更正により変更された場合も同様である。）。（R１-578）。

※　内国法人の申告時点において、他の内国法人が申告期限の延長の特例の適用を受けていることにより、当該他の内国法人の確定申告書に記載された所得金額等がない場合には、当該他の内国法人が後日提出する確定申告書に記載すべき所得金額等を基礎として計算することになる。

本　　法	施行令・施行規則

	通達・逐条解説

□　「特定資本関係」という用語の意義は、次の通りである。

<table>
<tr>
<td>特定資本関係</td>
<td>

①　一の内国法人の他の内国法人に係る直接保有の株式等の保有割合（その一の内国法人の有する当該他の内国法人の株式等の数又は金額が当該他の内国法人の発行済株式等の総数又は総額のうちに占める割合をいう。）とその一の内国法人の当該他の内国法人に係る間接保有の株式等の保有割合（注）とを合計した割合が50％を超える場合におけるその一の内国法人と当該他の内国法人との間の関係（以下「当事者間の特定資本関係」という。）

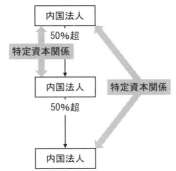

(R1-579を一部加工)

②　一の内国法人との間に当事者間の特定資本関係がある内国法人相互の関係

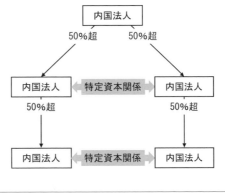

(R1-579を一部加工)
</td>
</tr>
</table>

　（注）措令39の12③を読替えの上、準用する。

□　措令39の13の２㉔による読替え後の措令39の12③は、次の通りである。

【措令39の12】

3　前項に規定する間接保有の株式等の保有割合とは、次の各号に掲げる場合の区分に応じ当該各号に掲げる割合（当該各号に掲げる場合のいずれにも該当する場合には、当該各号に掲げる割合の合計割合）をいう。

一　<u>他の内国法人の株主等</u>（法人税法第２条第14号に規定する株主等をいう。次号において同じ。）<u>である内国法人の発行済株式等の100分の50を超える</u>数又は金額の株式又は出資が<u>一の内国法人</u>により所有されている場合

　　<u>当該株主等である内国法人の有する</u>当該他の内国法人<u>の株式又は出資の数又は金額が</u>当該他の内国法人の発行済株式等のうちに占める割合（当該株主等である内国法人が２以上ある場合には、当該２以上の株主等である内国法人につきそれぞれ計算した割合の合計割合）

二　<u>他の内国法人の株主等である内国法人</u>（前号に掲げる場合に該当する同号の株主等である内国法人を除く。）<u>と一の内国法人と</u>の間にこれらの者と発行済株式等の所有を通じて連鎖関係にある１又は２以上の内国法人（以下この号において「出資関連法人」という。）が介在している場合（出資関連法人及び当該株主等である内国法人がそれぞれその発行済株式等の<u>100分の50を超える</u>数又は金額の株式又は出資を<u>当該一の内国法人</u>又は出資関連法人（その発行済株式等の<u>100分の50を超える</u>数又は金額の株式又は出資が<u>当該一の内国法人</u>又は他の出資関連法人によって所有されているものに限る。）によって所有されている場合に限る。）

　　<u>当該株主等である内国法人の有する</u>当該他の内国法人<u>の株式又は出資の数又は金額が</u>当該他の内国法人の発行済株式等のうちに占める割合（当該株主等である内国法人が２以上ある場合には、当該２以上の株主等である内国法人につきそれぞれ計算した割合の合計割合）

□　割合基準による少額免除基準（企業グループ単位の適用免除基準）は、国内の企業グループを全体として見れば経済規模に比較して適正な範囲の支払利子額であり、国外への不適切な所得移転が生じていないと考えられるにもかかわらず、個々の企業

本　　法	施行令・施行規則

通達・逐条解説

の所得や支払利子額をみると、支払利子額が過大に見えてしまうケース（注）があることを考慮し、企業グループ単位の純支払利子額の調整所得金額に対する割合による適用免除基準として設けられているものである（R１-578）。

(注) 例えば、国内の持株会社が、国内子会社のために資金調達を行い、その資金を国内子会社に出資により提供する場合には、その持株会社の主要な収入源である受取配当は、調整所得金額にカウントされないことから、必然的に調整所得金額に対する支払利子額の割合が大きくなり得る。しかし、この場合、持株会社の所得が支払利子により圧縮されるとしても、国内子会社においては利子費用が減少することになるので、日本の税源浸食が生じていないことから、これをBEPS対策として制限することは適当でないと考えられる（R1-578）。

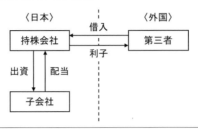

措法66の5の2④　適用免除に係る適用要件

本　　法	施行令・施行規則
【措法66の5の2】 4　前項の規定は、確定申告書等に同項の規定の適用がある旨を記載した書面及びその計算に関する明細書の添付があり、かつ、その計算に関する書類を保存している場合に限り、適用する。	

通達・逐条解説

解　説　措法66の５の２④

☐　適用免除規定（➡措法66の５の２③の**解　説**参照）は、確定申告書等（中間申告書を含む。措法２②二十七）に同規定の適用がある旨を記載した書面及びその計算に関する明細書の添付があり、かつ、その計算に関する書類を保存している場合に限り、適用することとされている（適用免除に係る適用要件の宥恕については、措法66の５の２⑤の**解　説**参照）。

☐　適用免除関係の書面・明細の添付は、「当初の確定申告書」に限定されている。したがって、事後の更正請求書や修正申告書に添付したとしても、適用免除を受けることは認められないことに留意が必要である（H24-571）。

☐　対象純支払利子等の額が調整所得金額の20％以下であるために、適用免除規定の適用がなくても本制度による損金不算入額が生じない場合には、本制度に係る計算明細を確定申告書に添付する必要はない（H24-571）。

措法66の5の2⑤　適用免除に係る適用要件の宥恕

本　　法	施行令・施行規則
【措法66の5の2】 5　税務署長は、前項の書面若しくは明細書の添付の ない確定申告書等の提出があり、又は同項の書類を 保存していなかった場合においても、その添付又は 保存がなかったことについてやむを得ない事情があ ると認めるときは、当該書面及び明細書並びに書類 の提出があった場合に限り、第3項の規定を適用す ることができる。	

通達・逐条解説

解　説　措法66の５の２⑤

□　税務署長は、適用免除規定の適用がある旨を記載した書面若しくはその計算に関する明細書（➡措法66の５の２④の**解　説**参照）の添付のない確定申告書等（中間申告書を含む。措法２②二十七）の提出があり、又はその計算に関する書類を保存していなかった場合においても、その添付又は保存がなかったことについてやむを得ない事情があると認めるときは、その書面及び明細書並びに書類の提出があった場合に限り、適用免除規定を適用することができることとされている。

措法66の5の2⑥	過少資本税制との適用関係の調整

本　　法	施行令・施行規則
【措法66の5の2】 6　内国法人の当該事業年度に係る第1項に規定する超える部分の金額が当該内国法人の当該事業年度に係る前条第1項（同条第2項の規定により読み替えて適用する場合を含む。）に規定する超える部分に対応するものとして政令で定めるところにより計算した金額以下となる場合には、第1項の規定は、適用しない。	【措令39の13の2】 28　法第66条の5の2第6項に規定する法第66条の5第1項（同条第2項の規定により読み替えて適用する場合を含む。）に規定する超える部分に対応するものとして政令で定めるところにより計算した金額は、前条第1項各号に定める金額（同条第2項又は第9項の規定の適用がある場合には、これらの規定により読み替えて適用する同条第1項各号に定める金額）とする。

通達・逐条解説

解　説　措法66の５の２⑥・措令39の13の２㉘

□　本制度は過少資本税制を補完するものとして導入されたものであるから、本制度と過少資本税制の双方で損金不算入額が計算される場合には、その損金不算入額が大きい方の制度が適用される（H24-571）。すなわち、内国法人のその事業年度に係る本制度の適用がある場合の損金不算入額（注１）が、その事業年度に係る過少資本税制の適用がある場合の損金不算入額以下となる場合には、本制度は、適用されない。また、内国法人のその事業年度に係る過少資本税制の適用がある場合の損金不算入額が、その事業年度に係る本制度の適用がある場合の損金不算入額を下回る場合（注２）には、過少資本税制は、適用されない（措法66の５④、措令39の13⑪）。

（注１）外国子会社合算税制との適用調整（➡措法66の５の２⑦の**解　説**参照）を行う前の金額である（H24-572）。

（注２）本制度の適用免除規定（➡措法66の５の２③の**解　説**参照）の適用がある場合を除く。

□　内国法人のその事業年度に係る過少資本税制の適用がある場合の損金不算入額が、その事業年度に係る本制度の適用がある場合の損金不算入額を下回る場合には、過少資本税制は適用されず、本制度が適用されるから、その損金不算入額の全額を後事業年度に繰り越し、一定の金額を限度として損金算入することができる（➡措法66の５の３①の**解　説**参照）（H24-571～572）。

措法66の5の2⑦　本制度に係る損金不算入額と外国子会社合算税制との適用調整

本　　法	施行令・施行規則
【措法66の5の2】 7　内国法人の当該事業年度の第1項に規定する超える部分の金額のうちに当該内国法人に係る第66条の6第2項第1号に規定する外国関係会社又は第66条の9の2第1項に規定する外国関係法人に係るものとして政令で定める金額（以下この項において「調整対象金額」という。）がある場合において、当該内国法人の当該事業年度に当該外国関係会社に係る第66条の6第1項に規定する課税対象金額、同条第6項に規定する部分課税対象金額若しくは同条第8項に規定する金融子会社等部分課税対象金額（当該課税対象金額に係る同条第1項に規定する適用対象金額、当該部分課税対象金額に係る同条第6項に規定する部分適用対象金額又は当該金融子会社等部分課税対象金額に係る同条第8項に規定する金融子会社等部分適用対象金額の計算上、当該調整対象金額に係る対象支払利子等の額が含まれるものに限る。）があるとき、又は当該外国関係法人に係る第66条の9の2第1項に規定する課税対象金額、同条第6項に規定する部分課税対象金額若しくは同条第8項に規定する金融関係法人部分課税対象金額（当該課税対象金額に係る同条第1項に規定する適用対象金額、当該部分課税対象金額に係る同条第6項に規定する部分適用対象金額又は当該金融関係法人部分課税対象金額に係る同条第8項に規定する金融関係法人部分適用対象金額の計算上、当該調整対象金額に係る対象支払利子等の額が含まれるものに限る。）があるときの当該内国法人の当該事業年度における第1項の規定の適用については、同項中「部分の金額」とあるのは、「部分の金額から第7項に規定する調整対象金額のうち政令で定める金額を控除した残額」とする。	【措令39の13の2】 29　法第66条の5の2第7項に規定する法第66条の6第2項第1号に規定する外国関係会社又は法第66条の9の2第1項に規定する外国関係法人に係るものとして政令で定める金額は、当該内国法人の当該事業年度（以下第32項までにおいて「調整事業年度」という。）における法第66条の5の2第1項に規定する超える部分の金額に、第1号に掲げる金額のうちに第2号に掲げる金額の占める割合を乗じて計算した金額とする。 一　当該内国法人の当該調整事業年度における対象支払利子等合計額 二　当該内国法人の当該調整事業年度における対象支払利子等の額（法第66条の5の2第2項第1号に規定する対象支払利子等の額をいう。第33項において同じ。）のうち、当該内国法人に係る法第66条の6第2項第1号に規定する外国関係会社又は法第66条の9の2第1項に規定する外国関係法人（以下第32項までにおいて「特定子法人」という。）の特定子法人事業年度の期間（当該調整事業年度開始の日前の期間がある場合には、当該期間を除く。）内に当該特定子法人に対して支払われたもの 30　法第66条の5の2第7項の規定により読み替えて適用される同条第1項に規定する調整対象金額のうち政令で定める金額は、次に掲げる金額のうちいずれか少ない金額とする。 一　当該内国法人の調整事業年度における当該特定子法人に係る調整対象金額（法第66条の5の2第7項に規定する調整対象金額をいう。次号及び次項において同じ。） 二　当該内国法人に係る特定子法人が次に掲げる法人のいずれに該当するかに応じ、それぞれ次に定める金額 　イ　法第66条の6第2項第1号に規定する外国関係会社 　　　当該内国法人の調整事業年度における当該外国関係会社の特定子法人事業年度に係る同条第1項に規定する課税対象金額、同条第6項に規定する部分課税対象金額又は同条第8項に規定する金融子会社等部分課税対象金額（当該課税対象金額に係る同条第1項に規定する適用対象金額、当該部分課税対象金額に係る同条第6項に規定する部分適用対象金額又は当該金融子会社等部分課税対象金額に係る同条第8項に規定する金融子会社等部分適用対象金額の計算上、当該調整対象金額に係る前項第2号に掲げる金額が含まれるものに限る。） 　ロ　法第66条の9の2第1項に規定する外国関係法人 　　　当該内国法人の調整事業年度における当該外国関係法人の特定子法人事業年度に係る同項に規定する課税対象金額、同条第6項に規定する部分課税対象金額又は同条第8項に規定する金融関係法人部分課税対象金額（当該課税対象金額に係る同条第1項に規定する適用対象金額、当該部分課税対象金額に係る同条第6項に規定する部分適用対象金額又は当該金融関係法人部分課税対象金額に係る同条第8項に規定する金融関係法人部分適用対象金額の計算上、当該調整対象金額に係る前項第2号に掲げる金額が含まれるものに限る。） 31　調整事業年度に係る特定子法人に係る調整対象金額を有する内国法人が当該調整事業年度に係る法第66条の5の3第2項に規定する当該特定子法人に係る調整対象超過利子額を有する場合には、前項第2号イ又はロに定める金額については、次条第3項の規定により計算した金額（当該特定子法人に係る部分に限る。）に相当する金額を控除した残額とする。

通達・逐条解説

解説　措法66の５の２⑦・措令39の13の２㉙〜㉜

□　外国子会社合算税制の適用の対象となる外国関係会社に支払う利子を有する法人において、本制度により損金不算入とされる金額がある場合には、その利子の支払を受けた外国関係会社の所得相当額の全部又は一部が外国子会社合算税制による合算課税の対象となり、かつ、法人が支払う利子について損金算入が認められないこととなり、二重課税の状態が生じるものと考えられる。そこで、本制度と外国子会社合算税制との調整について、調整措置が設けられている（H24-575）。また、本制度とコーポレート・インバージョン対策合算税制との調整についても、同様の調整措置が設けられている。

□　内国法人の事業年度における本制度により損金不算入とされる金額のうちに調整対象金額がある場合において、その事業年度（以下「調整事業年度」という。）に外国関係会社（措法66の６②一）に係る課税対象金額、部分課税対象金額若しくは金融子会社等部分課税対象金額（注１）があるとき、又は外国関係法人（措法66の９の２①）に係る課税対象金額、部分課税対象金額若しくは金融関係法人部分課税対象金額（注２）があるときは、調整事業年度において本制度により損金不算入とされる金額から次の①又は②のうちいずれか少ない金額を控除する調整を行うこととされている。

（注１）　その課税対象金額に係る適用対象金額、その部分課税対象金額に係る部分適用対象金額又はその金融子会社等部分課税対象金額に係る金融子会社等部分適用対象金額の計算上、その調整対象金額に係る対象支払利子等の額が含まれるものに限る。

（注２）　その課税対象金額に係る適用対象金額、その部分課税対象金額に係る部分適用対象金額又はその金融関係法人部分課税対象金額に係る金融関係法人部分適用対象金額の計算上、その調整対象金額に係る対象支払利子等の額が含まれるものに限る。

①　内国法人の調整事業年度における特定子法人に係る調整対象金額

②　次の特定子法人の区分に応じそれぞれ次の金額

　ⅰ　外国関係会社

　　　内国法人の調整事業年度における外国関係会社の特定子法人事業年度に係る課税対象金額、部分課税対象金額又は金融子会社等部分課税対象金額（注１・２）

　（注１）　その課税対象金額に係る適用対象金額、その部分課税対象金額に係る部分適用対象金額又はその金融子会社等部分課税対象金額に係る金融子会社等部分適用対象金額の計算上、その調整対象金額に係る措令39の13の２㉙二に掲げる金額（内国法人の調整事業年度における対象支払利子等の額のうち、その内国法人に係る特定子法人の特定子法人事業年度の期間（その調整事業年度開始の日前の期間がある場合には、その期間を除く。）内にその特定子法人に対して支払われたもの）が含まれるものに限る。

　（注２）　調整事業年度に係る特定子法人に係る調整対象金額を有する内国法人がその調整事業年度に係るその特定子法人に係る調整対象超過利子額（➡措法66の５の３②の**解説**参照）を有する場合には、次のⅰ又はⅱのうちいずれか少ない金額（その特定子法人に係る部分に限る。）に相当する金額を控除した残額とすることとされている。

　　ⅰ　調整対象超過利子額（措令39の13の３③一）

　　ⅱ　調整事業年度におけるその外国関係会社に係る課税対象金額、部分課税対象金額若しくは金融子会社等部分課税対象金額又は調整事業年度におけるその外国関係法人に係る課税対象金額、部分課税対象金額若しくは金融関係法人部分課税対象金額（一定のものに限る。措令39の13の３③二）

　ⅱ　外国関係法人

　　　内国法人の調整事業年度における外国関係法人の特定子法人事業年度に係る課税対象金額、部分課税対象金額又は金融関係法人部分課税対象金額（注１・２）

　（注１）　その課税対象金額に係る適用対象金額、その部分課税対象金額に係る部分適用対象金額又はその金融関係法人部分課税対象金額に係る金融関係法人部分適用対象金額の計算上、その調整対象金額に係る措令39の13の２㉙二に掲げる金額（内国法人の調整事業年度における対象支払利子等の額のうち、その内国法人に係る特定子法人の特定子法人事業年度の期間（その調整事業年度開始の日前の期間がある場合には、その期間を除く。）内にその特定子法人に対して支払われたもの）が含まれるものに限る。

　（注２）　調整事業年度に係る特定子法人に係る調整対象金額を有する内国法人がその調整事業年度に係るその特定子法人に係る調整対象超過利子額（➡措法66の５の３②の**解説**参照）を有する場合には、次のⅰ又はⅱのうちいずれか少ない金額（その特定子法人に係る部分に限る。）に相当する金額を控除した残額とすることとされている。

　　ⅰ　調整対象超過利子額（措令39の13の３③一）

　　ⅱ　調整事業年度におけるその外国関係会社に係る課税対象金額、部分課税対象金額若しくは金融子会社等部分課税対象金額又は調整事業年度におけるその外国関係法人に係る課税対象金額、部分課税対象金額若しくは金融関係法人部分課税対象金額（一定のものに限る。措令39の13の３③二）

本　　法	施行令・施行規則
	32　第29項第2号及び第30項第2号に規定する特定子法人事業年度とは、当該内国法人に係る特定子法人の事業年度のうち当該事業年度終了の日の翌日から2月を経過する日が当該内国法人の当該調整事業年度に含まれるものをいう。

通達・逐条解説	

□　「調整対象金額」などの用語の意義は、次の通りである。

①	調整対象金額	内国法人の調整事業年度において本制度により損金不算入とされる金額に、次の①のうちに次の②の占める割合を乗じて計算した金額 ①　内国法人の調整事業年度における対象支払利子等合計額 ②　内国法人の調整事業年度における対象支払利子等の額のうち、その内国法人に係る特定子法人の特定子法人事業年度の期間（その調整事業年度開始の日前の期間がある場合には、その期間を除く。）内にその特定子法人に対して支払われたもの
②	特定子法人	内国法人に係る外国関係会社又は外国関係法人
③	特定子法人事業年度	内国法人に係る特定子法人の事業年度のうちその事業年度終了の日の翌日から2か月を経過する日がその内国法人の調整事業年度に含まれるもの

□　外国子会社合算税制との適用調整のイメージは、次図の通りである。

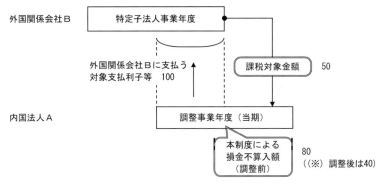

①　調整対象金額　⇒　40

$$\text{本制度による損金不算入額 } (80) \times \frac{\text{特定子法人事業年度の期間（注）に支払う対象支払利子等の額 } (100)}{\text{対象支払利子等の額の合計額 } (200)}$$

（注）調整事業年度開始の日前の期間を除く。

②　外国関係会社に係る課税対象金額　⇒　50

（H24-576を一部加工）

措法66の5の2⑧　外国法人に係る本制度の適用

本　　　法	施行令・施行規則
【措法66の5の2】 8　外国法人に係る第1項及び第3項（第1号に係る部分に限る。）の規定の適用については、次に定めるところによる。	
一　第1項の対象支払利子等の額は、当該外国法人の恒久的施設を通じて行う事業に係るものに限るものとし、イに掲げる金額を含み、ロに掲げる金額を除くものとする。	
イ　法人税法第138条第1項第1号に規定する内部取引において当該外国法人の当該恒久的施設から当該外国法人の同号に規定する本店等に対する支払利子等に該当することとなる金額	
ロ　法人税法第142条の5第1項の規定により当該外国法人の当該事業年度の同法第141条第1号イに掲げる国内源泉所得に係る所得の金額の計算上損金の額に算入されるもののうち、当該外国法人の対象支払利子等の額に相当するものとして政令で定める金額	【措令39の13の2】 33　法第66条の5の2第8項第1号ロに規定する政令で定める金額は、法人税法第142条の5第1項の規定により当該外国法人の当該事業年度の同法第141条第1号イに掲げる国内源泉所得に係る所得の金額の計算上損金の額に算入される金額に、当該外国法人の当該事業年度の対象支払利子等の額（同項に規定する資本に相当するものに係る負債につき支払う負債の利子の額に限る。）の当該外国法人の当該事業年度の支払利子等（同項に規定する資本に相当するものに係る負債につき支払う負債の利子に限る。）の額に対する割合を乗じて計算した金額とする。
二　第1項の控除対象受取利子等合計額及び第3項第1号の対象純支払利子等の額は、当該外国法人の恒久的施設を通じて行う事業に係るものに限るものとする。	
三　第1項の調整所得金額は、当該外国法人の法人税法第141条第1号イに掲げる国内源泉所得に係る所得の金額に係るものに限るものとする。	

通達・逐条解説

解 説　措法66の５の２⑧

□　外国法人に係る措法66の５の２①（損金不算入額の計算）及び措法66の５の２③一（金額基準による少額免除基準）の適用については、措法66の５の２⑧一～三に定めるところによる。なお、措法66の５の２③（適用免除）については、「第１号に係る部分に限る」こととされているが、第２号は、国内企業グループの合算純支払利子等の額が合算調整所得の20％に相当する金額を超えないことを要件とするものである。

解 説　措法66の５の２⑧一

□　帰属主義の下、対象支払利子等の額は、外国法人の恒久的施設を通じて行う事業に係るものに限ることとされている。

解 説　措法66の５の２⑧一イ

□　恒久的施設から外国の本店等に対する内部利子の額は、対象支払利子等の額に含まれることとされている。

解 説　措法66の５の２⑧一ロ

□　法法142の５①（外国銀行等の資本に係る負債の利子の損金算入）により外国法人の恒久的施設帰属所得に係る所得の金額の計算上損金の額に算入される金額に、その外国法人のその事業年度の対象支払利子等の額（注）のその事業年度の支払利子等（注）の額に対する割合を乗じて計算した金額は、対象支払利子等の額から除くこととされている。

（注）自己資本比率規制上の自己資本の額に係る負債につき外国銀行等が支払う負債の利子の額（法令189②一イ）又は連結ベースの規制上の自己資本の額に係る負債につきその外国銀行等が支払う負債の利子の額（法令189②二イ）に限る。

解 説　措法66の５の２⑧二

□　控除対象受取利子等合計額及び金額基準による少額免除基準（措法66の５の２③一）における対象純支払利子等の額は、外国法人の恒久的施設を通じて行う事業に係るものに限ることとされている。

解 説　措法66の５の２⑧三

□　調整所得金額は、外国法人の恒久的施設帰属所得（法法138①一）に係る所得の金額に係るものに限ることとされている。

措法66の5の2⑨　恒久的施設に帰せられるべき資本に対応する負債の利子の損金不算入制度との調整

本　　法	施行令・施行規則
【措法66の5の2】 9　外国法人の当該事業年度に係る第1項に規定する超える部分の金額が当該外国法人の当該事業年度に係る法人税法第142条の4第1項に規定する満たない金額に対応する部分の金額として政令で定めるところにより計算した金額以下となる場合には、第1項の規定は、適用しない。	

通達・逐条解説
解　説　措法66の5の2⑨ □　本制度と法法142の4（恒久的施設に帰せられるべき資本に対応する負債の利子の損金不算入）との重複適用の排除を図るため（H26-813）、外国法人のその事業年度に係る本制度の適用がある場合の損金不算入額がその事業年度に係る法法142の4①の適用がある場合の損金不算入額以下となる場合には、本制度は、適用しないこととされている。また、逆の場合には、法法142の4①は、適用しないこととされている（➡措法66の5の2⑩の**解　説**参照）。すなわち、本制度と恒久的施設に帰せられるべき資本に対応する負債の利子の損金不算入制度の双方で損金不算入額が計算される場合には、その損金不算入額が大きい方の制度が適用される。

措法66の5の2⑩　恒久的施設に帰せられるべき資本に対応する負債の利子の損金不算入制度との調整

本　　法	施行令・施行規則
【措法66の5の2】 10　外国法人の当該事業年度に係る第1項に規定する超える部分の金額が当該外国法人の当該事業年度に係る法人税法第142条の4第1項に規定する満たない金額に対応する部分の金額として政令で定めるところにより計算した金額を超える場合（第3項（第1号に係る部分に限る。）の規定の適用がある場合を除く。）には、同条第1項の規定は、適用しない。	

通達・逐条解説
解 説　措法66の5の2⑩ □　本制度と法法142の4（恒久的施設に帰せられるべき資本に対応する負債の利子の損金不算入）との重複適用の排除を図るため（H26-813）、外国法人のその事業年度に係る本制度の適用がある場合の損金不算入額がその事業年度に係る法法142の4①の適用がある場合の損金不算入額を超える場合（本制度の金額基準による適用免除規定（➡措法66の5の2③一の **解 説** 参照）の適用がある場合を除く。）には、法法142の4①は、適用しないこととされている。また、逆の場合には、本制度は、適用しないこととされている（➡措法66の5の2⑨の **解 説** 参照）。すなわち、本制度と恒久的施設に帰せられるべき資本に対応する負債の利子の損金不算入制度の双方で損金不算入額が計算される場合には、その損金不算入額が大きい方の制度が適用される。

措法66の5の2⑪　政令委任

本　　法	施行令・施行規則
【措法66の5の2】	【措令39の13の2】
11　第1項の規定により損金の額に算入されない金額に係る法人税法の規定の適用その他同項から第3項まで及び第6項から前項までの規定の適用に関し必要な事項は、政令で定める。	20　法第66条の5の2の規定を適用する場合において、その者が同条第1項の法人に係る関連者に該当するかどうかの判定は、同項の法人の各事業年度終了の時の現況によるものとする。 34　法第66条の5の2第1項（同条第7項の規定により読み替えて適用する場合を含む。）の規定の適用がある場合における法人税法施行令第22条の規定の適用については、同条第1項中「合計額に」とあるのは「合計額（租税特別措置法第66条の5の2第1項（対象純支払利子等に係る課税の特例）（同条第7項の規定により読み替えて適用する場合を含む。第4項において同じ。）の規定により損金の額に算入されない金額がある場合には、当該金額を控除した残額）に」と、同条第4項中「合計額に」とあるのは「合計額（租税特別措置法第66条の5の2第1項の規定により損金の額に算入されない金額がある場合には、当該金額を控除した残額）に」と、「の同条第6項」とあるのは「の法第23条第6項」とする。

通達・逐条解説

解説 措法66の５の２⑪・措令39の13の２⑳

□ ある者が、本制度の適用を受ける法人に係る関連者に該当するかどうかの判定は、その法人の各事業年度終了の時の現況によるものとされている。

解説 措法66の５の２⑪・措令39の13の２㉞

□ 本制度の適用により損金不算入とされる支払利子等は、受取配当等の益金不算入額の計算において控除の対象となる負債の利子から控除することとされている。

□ 措令39の13の２㉞による読替え後の法令22は、次の通りである。

【法令22】

1　法第23条第４項（受取配当等の益金不算入）に規定する政令で定めるところにより計算した金額は、同項の内国法人が同項の事業年度において支払う同項に規定する負債の利子の額の合計額（租税特別措置法第66条の５の２第１項（対象純支払利子等に係る課税の特例）（同条第７項の規定により読み替えて適用する場合を含む。第４項において同じ。）の規定により損金の額に算入されない金額がある場合には、当該金額を控除した残額）に、第１号に掲げる金額のうちに第２号に掲げる金額の占める割合を乗じて計算した金額とする。

一　当該内国法人の当該事業年度及び当該事業年度の前事業年度（当該事業年度終了の時において、当該内国法人が、連結法人でない場合にあっては法第４条の２（連結納税義務者）の承認を受けていない期間に、連結法人である場合にあっては当該承認を受けている期間に限る。以下この条において同じ。）の確定した決算に基づく貸借対照表に計上されている総資産の帳簿価額（イからハまでに掲げる金額（当該内国法人が連結法人である場合にあっては、次に掲げる金額）がある場合には、これを減算した金額）の合計額

　イ　固定資産の帳簿価額を損金経理により減額することに代えて積立金として積み立てている金額

　ロ　租税特別措置法第52条の３（準備金方式による特別償却）又は第68条の41（準備金方式による特別償却）の規定により特別償却準備金として積み立てている金額

　ハ　土地の再評価に関する法律（平成10年法律第34号）第３条第１項（土地の再評価）の規定により同項に規定する再評価が行われた土地に係る同法第７条第２項（再評価差額金）に規定する再評価差額金が当該貸借対照表に計上されている場合の当該土地に係る同条第１項に規定する再評価差額（以下この号において「再評価差額」という。）に相当する金額（当該事業年度終了の時又は当該事業年度の前事業年度終了の時に有する当該土地に係るものに限るものとし、当該土地についてその帳簿に記載された金額の減額をした場合には、次に掲げる場合の区分に応じそれぞれ次に定める金額を減算した金額とする。）

　　(1)　土地の再評価に関する法律第８条第２項第１号（再評価差額金の取崩し）に掲げる場合
　　　　当該土地の再評価差額のうちその減額した金額に相当する金額

　　(2)　土地の再評価に関する法律第８条第２項第２号に掲げる場合
　　　　当該土地の再評価差額に相当する金額

　　(3)　土地の再評価に関する法律第８条第２項第３号に掲げる場合
　　　　当該土地の再評価差額に相当する金額

　ニ　当該内国法人との間に連結完全支配関係がある連結法人に支払う負債の利子の元本である負債の額に相当する金額

二　当該内国法人の当該事業年度及び当該事業年度の前事業年度終了の時における期末関連法人株式等の帳簿価額の合計額

2　前項第２号に規定する期末関連法人株式等とは、法第23条第４項の内国法人が有する株式等で当該内国法人の各事業年度終了の日の６月前の日の翌日（当該株式等を発行した同条第６項に規定する他の内国法人が当該翌日後に設立された法人である場合には、当該他の内国法人の設立の日）を第22条の３第１項（関連法人株式等の範囲）に規定する計算期間の初日とし、当該事業年度終了の日を同項に規定する計算期間の末日とした場合に法第23条第６項に規定する関連法人株式等となる株式等（期末完全子法人株式等を除く。）をいう。

3　前項に規定する期末完全子法人株式等とは、法第23条第４項の内国法人が他の内国法人（公益法人等及び人格のない社団等を除く。）との間に当該事業年度開始の日（当該他の内国法人が当該事業年度の中途において設立された法人である場合にあっては、当該他の内国法人の設立の日）からその終了の日まで継続して完全支配関係があった場合（当該内国法人が当該事業年度の中途において当該他の内国法人との間に完全支配関係を有することとなった場合において、当該事業年度開始の日から当該完全支配関係を有することとなった日まで継続して当該他の内国法人と他の者との間に当該他の者による完全支配関係があり、かつ、同日から当該事業年度終了の日まで継続して当該内国法人と当該他の者との間及び当該他の内国法人と当該他の者との間に当該他の者による完全支配関係があったときを含む。）の当該他の内国法人の株式等をいう。

4　平成27年４月１日に存する内国法人（当該内国法人が同日後に行われる適格合併に係る合併法人である場合には当該内国法人及び当該適格合併に係る被合併法人の全てが同日に存していたもの（当該適格合併が法人を設立する合併である場合にあっては、当該適格合併に係る被合併法人の全てが同日に存していたもの）に限るものとし、連結法人を除く。）は、第１項の規定にかかわらず、当該事業

本　　法	施行令・施行規則

通達・逐条解説
年度において支払う負債の利子（法第23条第４項に規定する負債の利子をいう。以下この項において同じ。）の額の合計額（租税特別措置法第66条の５の２第１項の規定により損金の額に算入されない金額がある場合には、当該金額を控除した残額）に、同日から平成29年３月31日までの間に開始した各事業年度（以下この項において「基準年度」という。）において支払った負債の利子の額の合計額（平成27年４月１日後に行われる適格合併に係る合併法人については、基準年度において当該合併法人及び当該適格合併に係る被合併法人がそれぞれ支払った負債の利子の額の合計額とする。）のうちに基準年度の法第23条第６項に規定する関連法人株式等に係る負債の利子の額として第１項の規定により計算した金額の合計額の占める割合（当該割合に小数点以下３位未満の端数があるときは、これを切り捨てる。）を乗じて計算した金額をもって同条第４項に規定する政令で定めるところにより計算した金額とすることができる。

第2章

超過利子額の損金算入

措法66の5の3① 超過利子額の損金算入

本　　　法	施行令・施行規則
【措法66の5の3】 1　法人の各事業年度開始の日前7年以内に開始した事業年度において前条第1項（同条第7項の規定により読み替えて適用する場合を含む。）の規定により損金の額に算入されなかった金額（この項及び次項の規定により当該各事業年度前の事業年度の所得の金額の計算上損金の額に算入されたものを除く。以下この条において「超過利子額」という。）がある場合には、当該超過利子額（次項の規定により当該各事業年度の所得の金額の計算上損金の額に算入されるものを除く。）に相当する金額は、当該法人の当該各事業年度の前条第1項に規定する調整所得金額の100分の20に相当する金額から同項に規定する対象純支払利子等の額を控除した残額に相当する金額を限度として、当該法人の当該各事業年度の所得の金額の計算上、損金の額に算入する。	

<table>
<tr><td colspan="1">通達・逐条解説</td></tr>
</table>

解　説　措法66の５の３①

☐　法人の各事業年度開始の日前７年以内に開始した事業年度において本制度により損金の額に算入されなかった金額（注１）（以下「超過利子額」という。）がある場合には、その超過利子額（注２）に相当する金額は、その法人のその各事業年度の調整所得金額の20％に相当する金額から対象純支払利子等の額を控除した残額に相当する金額を限度として、その法人のその各事業年度の所得の金額の計算上、損金の額に算入することとされている（超過利子額の損金算入に係る適用要件については、措法66の５の３⑧の**解　説**参照）。

（注１）措法66の５の３①（超過利子額の損金算入）及び措法66の５の３②（本制度に係る超過利子額と外国子会社合算税制との適用調整）によりその各事業年度前の事業年度の所得の金額の計算上損金の額に算入されたものを除く。

（注２）措法66の５の３②（本制度に係る超過利子額と外国子会社合算税制との適用調整）によりその各事業年度の所得の金額の計算上損金の額に算入されるものを除く。

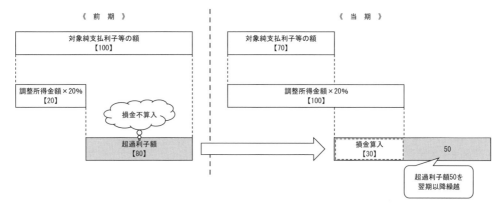

(H24-573を一部加工)

☐　対象純支払利子等の額が調整所得金額の20％を超えるか否かの判断の基礎となる事業年度の所得水準及び支払利子の水準は、ともに、短期的な市況のほか、創業期又は事業再構築期にあるのか否か等、その企業を取り巻く様々な要因により大きく変動する要素である。そこで、その変動による影響を緩和するため、単年度の状況だけでなく、事後の一定期間（７年間）の状況を踏まえて、過大な支払利子か否かの判断をすることができるよう、本制度の適用により生じた損金不算入額を後事業年度に繰り越し、調整所得金額の20％に相当する金額が対象純支払利子等の額を上回る事業年度において、その差額に相当する金額を限度として損金算入することとされているものである（H24-572）。

措法66の5の3②　本制度に係る超過利子額と外国子会社合算税制との適用調整

本　　法	施行令・施行規則
【措法66の5の3】 2　法人の各事業年度開始の日前7年以内に開始した事業年度において生じた超過利子額のうちに当該法人に係る次条第2項第1号に規定する外国関係会社又は第66条の9の2第1項に規定する外国関係法人に係るものとして政令で定める金額（以下この項において「調整対象超過利子額」という。）がある場合において、当該法人の当該各事業年度に当該外国関係会社に係る次条第1項に規定する課税対象金額、同条第6項に規定する部分課税対象金額若しくは同条第8項に規定する金融子会社等部分課税対象金額（当該課税対象金額に係る同条第1項に規定する適用対象金額、当該部分課税対象金額に係る同条第6項に規定する部分適用対象金額又は当該金融子会社等部分課税対象金額に係る同条第8項に規定する金融子会社等部分適用対象金額の計算上、当該調整対象超過利子額に係る対象支払利子等の額（前条第2項第1号に規定する対象支払利子等の額をいう。以下この項において同じ。）が含まれるものに限る。）があるとき、又は当該外国関係法人に係る第66条の9の2第1項に規定する課税対象金額、同条第6項に規定する部分課税対象金額若しくは同条第8項に規定する金融関係法人部分課税対象金額（当該課税対象金額に係る同条第1項に規定する適用対象金額、当該部分課税対象金額に係る同条第6項に規定する部分適用対象金額又は当該金融関係法人部分課税対象金額に係る同条第8項に規定する金融関係法人部分適用対象金額の計算上、当該調整対象超過利子額に係る対象支払利子等の額が含まれるものに限る。）があるときは、当該調整対象超過利子額に相当する金額は、政令で定めるところにより計算した金額を限度として、当該法人の当該各事業年度の所得の金額の計算上、損金の額に算入する。	【措令39の13の3】 1　法第66条の5の3第2項に規定する政令で定める金額は、当該法人の同条第1項に規定する超過利子額（当該法人の対象事業年度に係るものに限る。）に、第1号に掲げる金額のうちに第2号に掲げる金額の占める割合を乗じて計算した金額とする。 　一　当該法人の当該対象事業年度に係る法第66条の5の2第1項に規定する対象支払利子等合計額 　二　当該法人の当該対象事業年度に係る法第66条の5の2第2項第1号に規定する対象支払利子等の額のうち当該法人に係る特定子法人（前条第29項第2号に規定する特定子法人をいう。以下第3項までにおいて同じ。）の特定子法人事業年度（前条第32項に規定する特定子法人事業年度をいう。次項及び第3項第2号において同じ。）の期間（当該対象事業年度終了の日後の期間がある場合には、当該期間を除く。）内に当該特定子法人に対して支払われたもの 2　前項に規定する対象事業年度とは、当該法人に係る特定子法人の特定子法人事業年度（当該法人の調整事業年度（前条第29項に規定する調整事業年度をいう。以下この項及び次項第2号において同じ。）開始の日以後に開始するものを除く。）の期間内の日を含む当該法人の事業年度（調整事業年度に該当するものを除く。）をいう。 3　法第66条の5の3第2項に規定する政令で定めるところにより計算した金額は、次に掲げる金額のうちいずれか少ない金額とする。 　一　当該法人の当該特定子法人に係る調整対象超過利子額（法第66条の5の3第2項に規定する調整対象超過利子額をいう。次号において同じ。） 　二　当該法人に係る特定子法人が次に掲げる法人のいずれに該当するかに応じ、それぞれ次に定める金額 　　イ　法第66条の6第2項第1号に規定する外国関係会社 　　　当該法人の当該調整事業年度における当該外国関係会社の特定子法人事業年度に係る同条第1項に規定する課税対象金額、同条第6項に規定する部分課税対象金額又は同条第8項に規定する金融子会社等部分課税対象金額（当該課税対象金額に係る同条第1項に規定する適用対象金額、当該部分課税対象金額に係る同条第6項に規定する部分適用対象金額又は当該金融子会社等部分課税対象金額に係る同条第8項に規定する金融子会社等部分適用対象金額の計算上、当該調整対象超過利子額に係る第1項第2号に掲げる金額が含まれるものに限る。） 　　ロ　法第66条の9の2第1項に規定する外国関係法人 　　　当該法人の当該調整事業年度における当該外国関係法人の特定子法人事業年度に係る同項に規定する課税対象金額、同条第6項に規定する部分課税対象金額又は同条第8項に規定する金融関係法人部分課税対象金額（当該課税対象金額に係る同条第1項に規定する適用対象金額、当該部分課税対象金額に係る同条第6項に規定する部分適用対象金額又は当該金融関係法人部分課税対象金額に係る同条第8項に規定する金融関係法人部分適用対象金額の計算上、当該調整対象超過利子額に係る第1項第2号に掲げる金額が含まれるものに限る。）

通達・逐条解説

解　説　措法66の５の３②・措令39の13の３①〜③

□　外国子会社合算税制の適用の対象となる外国関係会社に支払う利子を有する法人において、本制度により損金不算入とされる金額がある場合には、その利子の支払を受けた外国関係会社の所得相当額の全部又は一部が外国子会社合算税制による合算課税の対象となり、かつ、法人が支払う利子について損金算入が認められないこととなり、二重課税の状態が生じるものと考えられる。そこで、本制度と外国子会社合算税制との調整について、調整措置が設けられている（H24-575）。また、本制度とコーポレート・インバージョン対策合算税制との調整についても、同様の調整措置が設けられている。

□　法人の各事業年度開始の日前７年以内に開始した事業年度において生じた調整対象超過利子額がある場合において、その法人のその各事業年度に外国関係会社（措法66の６②一）に係る課税対象金額、部分課税対象金額若しくは金融子会社等部分課税対象金額（注１）があるとき、又は外国関係法人（措法66の９の２①）に係る課税対象金額、部分課税対象金額若しくは金融関係法人部分課税対象金額（注２）があるときは、その調整対象超過利子額に相当する金額は、次の①又は②のうちいずれか少ない金額を限度として、その各事業年度の所得の金額の計算上、損金の額に算入することとされている。

（注１）　その課税対象金額に係る適用対象金額、その部分課税対象金額に係る部分適用対象金額又はその金融子会社等部分課税対象金額に係る金融子会社等部分適用対象金額の計算上、その調整対象超過利子額に係る対象支払利子等の額が含まれるものに限る。

（注２）　その課税対象金額に係る適用対象金額、その部分課税対象金額に係る部分適用対象金額又はその金融関係法人部分課税対象金額に係る金融関係法人部分適用対象金額の計算上、その調整対象超過利子額に係る対象支払利子等の額が含まれるものに限る。

①　法人の特定子法人に係る調整対象超過利子額

②　次の特定子法人の区分に応じそれぞれ次の金額

　ⅰ　外国関係会社

　　　法人の調整事業年度における外国関係会社の特定子法人事業年度に係る課税対象金額、部分課税対象金額又は金融子会社等部分課税対象金額（注）

　　（注）　その課税対象金額に係る適用対象金額、その部分課税対象金額に係る部分適用対象金額又はその金融子会社等部分課税対象金額に係る金融子会社等部分適用対象金額の計算上、その調整対象超過利子額に係る措令39の13の３①二に掲げる金額（法人の対象事業年度に係る対象支払利子等の額のうち、その法人に係る特定子法人の特定子法人事業年度の期間（その対象事業年度終了の日後の期間がある場合には、その期間を除く。）内にその特定子法人に対して支払われたもの）が含まれるものに限る。

　ⅱ　外国関係法人

　　　法人の調整事業年度における外国関係法人の特定子法人事業年度に係る課税対象金額、部分課税対象金額又は金融関係法人部分課税対象金額（注）

　　（注）　その課税対象金額に係る適用対象金額、その部分課税対象金額に係る部分適用対象金額又はその金融関係法人部分課税対象金額に係る金融関係法人部分適用対象金額の計算上、その調整対象超過利子額に係る措令39の13の３①二に掲げる金額（法人の対象事業年度に係る対象支払利子等の額のうち、その法人に係る特定子法人の特定子法人事業年度の期間（その対象事業年度終了の日後の期間がある場合には、その期間を除く。）内にその特定子法人に対して支払われたもの）が含まれるものに限る。

□　「調整対象超過利子額」などの用語の意義は、次の通りである。

①	調整対象超過利子額	法人の超過利子額（その法人の対象事業年度に係るものに限る。）に、次の①のうちに次の②の占める割合を乗じて計算した金額 ①　法人の対象事業年度に係る対象支払利子等合計額 ②　法人の対象事業年度に係る対象支払利子等の額のうち、その法人に係る特定子法人の特定子法人事業年度の期間（その対象事業年度終了の日後の期間がある場合には、その期間を除く。）内にその特定子法人に対して支払われたもの
②	特定子法人	内国法人に係る外国関係会社又は外国関係法人（措令39の13の２㉙二）
③	特定子法人事業年度	内国法人に係る特定子法人の事業年度のうちその事業年度終了の日の翌日から２か月を経過する日がその内国法人の調整事業年度に含まれるもの（措令39の13の２㉜）
④	調整事業年度	内国法人の当該事業年度（措令39の13の２㉙）
⑤	対象事業年度	法人に係る特定子法人の特定子法人事業年度（その法人の調整事業年度開始の日以後に開始するものを除く。）の期間内の日を含むその法人の事業年度（調整事業年度に該当するものを除く。）をいう。

本　　法	施行令・施行規則

通達・逐条解説

□ 外国子会社合算税制との適用調整のイメージは、次図の通りである。

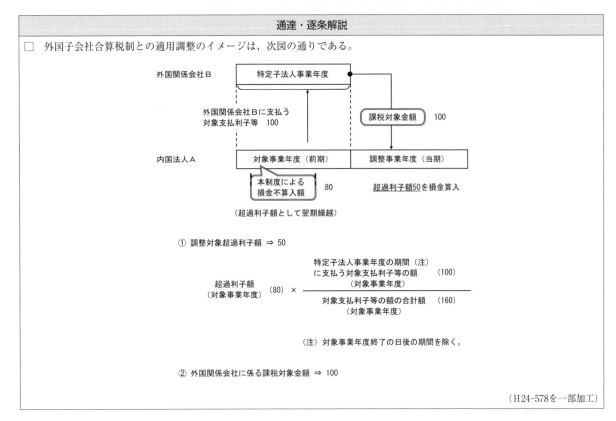

① 調整対象超過利子額 ⇒ 50

$$\frac{超過利子額}{(対象事業年度)}(80) \times \frac{\substack{特定子法人事業年度の期間（注）\\に支払う対象支払利子等の額\\（対象事業年度）}(100)}{\substack{対象支払利子等の額の合計額\\（対象事業年度）}(160)}$$

（注）対象事業年度終了の日後の期間を除く。

② 外国関係会社に係る課税対象金額 ⇒ 100

（H24-578を一部加工）

措法66の5の3③　適格合併等に係る被合併法人等の超過利子額の引継ぎ

本　　　法	施行令・施行規則
【措法66の5の3】 3　第1項若しくは前項の法人を合併法人とする適格合併が行われた場合又は当該法人との間に法人税法第2条第12号の7の6に規定する完全支配関係（当該法人による完全支配関係又は同号に規定する相互の関係に限る。）がある他の法人で当該法人が発行済株式若しくは出資の全部若しくは一部を有するもの（内国法人に限る。以下この項において「分配法人」という。）の残余財産が確定した場合において、当該適格合併に係る被合併法人又は当該分配法人（以下この項において「被合併法人等」という。）の当該適格合併の日前7年以内に開始し、又は当該残余財産の確定の日の翌日前7年以内に開始した各事業年度（以下この項において「前7年内事業年度」という。）において生じた超過利子額（当該被合併法人等の当該超過利子額（この項又は次項の規定により当該被合併法人等の超過利子額とみなされたものを含み、第7項の規定によりないものとされたものを除く。第6項において同じ。）に係る事業年度のうち最も古い事業年度以後の各事業年度の確定申告書（同条第31号に規定する確定申告書をいう。第5項及び第8項において同じ。）の提出があることその他の政令で定める要件を満たしている場合における当該超過利子額に限る。以下この項において「引継対象超過利子額」という。）があるときは、当該適格合併に係る合併法人の当該適格合併の日を含む事業年度又は当該法人（内国法人に限る。以下この項において「被分配法人」という。）の当該残余財産の確定の日の翌日を含む事業年度（以下この項において「合併等事業年度」という。）以後の各事業年度における前二項の規定の適用については、当該前7年内事業年度において生じた引継対象超過利子額（当該分配法人に同条第14号に規定する株主等が2以上ある場合には、当該引継対象超過利子額を当該分配法人の発行済株式又は出資（当該分配法人が有する自己の株式又は出資を除く。）の総数又は総額で除し、これに当該被分配法人の有する当該分配法人の株式又は出資の数又は金額を乗じて計算した金額）は、それぞれ当該引継対象超過利子額の生じた前7年内事業年度開始の日を含む当該合併法人又は被分配法人の各事業年度（当該合併法人又は被分配法人の合併等事業年度開始の日以後に開始した当該被合併法人等の当該前7年内事業年度において生じた引継対象超過利子額にあっては、当該合併等事業年度の前事業年度）において生じた超過利子額とみなす。	【措令39の13の3】 4　法第66条の5の3第3項に規定する政令で定める要件は、同項の適格合併又は残余財産の確定（以下この項において「適格合併等」という。）に係る同条第3項に規定する被合併法人等（以下この項及び次項において「被合併法人等」という。）の同条第3項に規定する前7年内事業年度において生じた超過利子額（同項又は同条第4項の規定により当該被合併法人等の超過利子額（同条第1項に規定する超過利子額をいう。以下この項において同じ。）とみなされたものを含み、同条第7項の規定によりないものとされたものを除く。）に係る事業年度のうち最も古い事業年度（次の各号に掲げる超過利子額にあっては、当該各号に定める事業年度）以後の各事業年度の法人税法第2条第31号に規定する確定申告書の提出があることとする。 一　当該適格合併等の前に当該被合併法人等となる法人を合併法人とする適格合併（以下この号において「直前適格合併」という。）が行われたこと又は当該被合併法人等となる法人（内国法人に限る。）との間に法第66条の5の3第3項に規定する完全支配関係がある他の法人（内国法人に限る。）の残余財産が確定したことに基因して同項の規定により当該被合併法人等となる法人の超過利子額とみなされたもの 　　当該直前適格合併の日を含む事業年度又は当該残余財産の確定の日の翌日を含む事業年度 二　法第66条の5の3第4項に規定する承認の取消し等の場合において同項の規定により当該被合併法人等となる法人の超過利子額とみなされたもの 　　同項に規定する最終の連結事業年度終了の日の翌日を含む事業年度 5　法第66条の5の3第3項の合併法人又は被分配法人（以下この項において「合併法人等」という。）の同条第3項に規定する合併等事業年度開始の日前7年以内に開始した各事業年度のうち最も古い事業年度（当該合併等事業年度が当該合併法人等の設立の日を含む事業年度である場合には、当該合併等事業年度）開始の日（以下この項において「合併法人等7年前事業年度開始日」という。）が同条第3項の適格合併又は残余財産の確定に係る被合併法人等の同項に規定する前7年内事業年度（以下この項において「被合併法人等前7年内事業年度」という。）で同条第3項に規定する引継対象超過利子額が生じた事業年度のうち最も古い事業年度開始の日（当該適格合併が法人を設立するものである場合にあっては、当該開始の日が最も早い被合併法人等の当該事業年度開始の日。以下この項において「被合併法人等7年前事業年度開始日」という。）後である場合には、当該被合併法人等7年前事業年度開始日から当該合併法人等7年前事業年度開始日の前日までの期間を当該期間に対応する当該被合併法人等7年前事業年度開始日に係る被合併法人等の被合併法人等前7年内事業年度ごとに区分したそれぞれの期間（当該前日を含む期間にあっては、当該被合併法人等の当該前日を含む事業年度開始の日から当該合併法人等7年前事業年度開始日の前日までの期間）を当該合併法人等のそれぞれの事業年度とみなし、当該合併法人等の同条第3項に規定する合併等事業年度が設立日（当該合併法人等の設立の日をいう。以下この項において同じ。）を含む事業年度である場合において、被合併法人等7年前事業年度開始日が当該設立日以後であるときは、被合併法人等の当該設立日の前日を含む事業年度開始の日（当該被合併法人等が当該設立日以後に設立されたものである場合には、当該設立日の1年前の

通達・逐条解説

解説　措法66の５の３③・措令39の13の３④⑤

□　法人を合併法人とする適格合併が行われた場合において、その適格合併に係る被合併法人の引継対象超過利子額があるとき は、その適格合併に係る合併法人のその適格合併の日を含む事業年度（以下、この解説において「合併事業年度」という。）以後 の各事業年度においては、その被合併法人のその適格合併の日前７年以内に開始した各事業年度（以下、この解説において「前 ７年内事業年度」という。）において生じた引継対象超過利子額は、それぞれその引継対象超過利子額の生じた前７年内事業年 度開始の日を含むその合併法人の各事業年度（その合併法人の合併事業年度開始の日以後に開始したその被合併法人のその前７年内 事業年度において生じた引継対象超過利子額にあっては、その合併事業年度の前事業年度）において生じた超過利子額とみなすこと とされている。

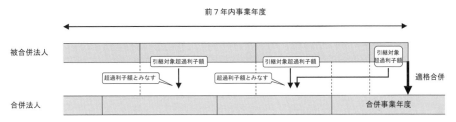

（注）　次に掲げる場合に該当するときは、それぞれに定める期間を合併法人の事業年度とみなし、そのみなした事業年度にお いて超過利子額が生じたものとみなすこととされている。

①　合併法人の合併事業年度開始の日前７年以内に開始した各事業年度のうち最も古い事業年度（その合併事業年度がその 合併法人の設立の日を含む事業年度である場合には、その合併事業年度）開始の日（以下、この解説において「合併法人７年前 事業年度開始日」という。）が適格合併に係る被合併法人の前７年内事業年度（以下、この解説において「被合併法人前７年 内事業年度」という。）で引継対象超過利子額が生じた事業年度のうち最も古い事業年度開始の日（その適格合併が法人を 設立するものである場合にあっては、その開始の日が最も早い被合併法人のその事業年度開始の日。以下、この解説において「被 合併法人７年前事業年度開始日」という。）後である場合

その被合併法人７年前事業年度開始日からその合併法人７年前事業年度開始日の前日までの期間をその期間に対応す るその被合併法人７年前事業年度開始日に係る被合併法人の被合併法人前７年内事業年度ごとに区分したそれぞれの期 間（その前日を含む期間にあっては、その被合併法人のその前日を含む事業年度開始の日からその合併法人７年前事業年度開始日 の前日までの期間）

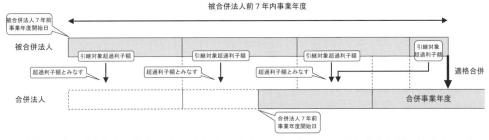

②　合併法人の合併事業年度が設立日（その合併法人の設立の日をいう。以下同じ。）を含む事業年度である場合において、 被合併法人７年前事業年度開始日がその設立日以後であるとき

被合併法人のその設立日の前日を含む事業年度開始の日（その被合併法人等がその設立日以後に設立されたものである場 合には、その設立日の１年前の日）からその前日までの期間

本　　法	施行令・施行規則
	日）から当該前日までの期間を当該合併法人等の事業年度とみなして、同条の規定を適用する。

通達・逐条解説

□　法人との間に完全支配関係（その法人による完全支配関係又はその相互の関係に限る。）がある他の法人でその法人が発行済株式等の全部又は一部を有するもの（内国法人に限る。以下「分配法人」という。）の残余財産が確定した場合において、その分配法人の引継対象超過利子額があるときは、その法人（内国法人に限る。以下「被分配法人」という。）のその残余財産の確定の日の翌日を含む事業年度以後の各事業年度においては、その分配法人のその残余財産の確定の日の翌日前7年以内に開始した各事業年度（以下、この解説において「前7年内事業年度」という。）において生じた引継対象超過利子額（注1）は、それぞれその引継対象超過利子額の生じた前7年内事業年度開始の日を含むその被分配法人の各事業年度（その被分配法人のその残余財産の確定の日の翌日を含む事業年度開始の日以後に開始したその分配法人のその前7年内事業年度において生じた引継対象超過利子額にあっては、その残余財産の確定の日の翌日を含む事業年度の前事業年度）において生じた超過利子額とみなすこととされている（注2）。

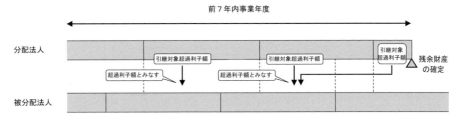

（注1）　その分配法人に株主等が2以上ある場合には、その引継対象超過利子額をその分配法人の発行済株式等（その分配法人が有する自己の株式等を除く。）の総数又は総額で除し、これにその被分配法人の有するその分配法人の株式等の数又は金額を乗じて計算した金額
（注2）　次に掲げる場合に該当するときは、それぞれに定める期間を被分配法人の事業年度とみなし、そのみなした事業年度において超過利子額が生じたものとみなすこととされている。
　①　被分配法人のその残余財産の確定の日の翌日を含む事業年度開始の日前7年以内に開始した各事業年度のうち最も古い事業年度（その残余財産の確定の日の翌日を含む事業年度がその被分配法人の設立の日を含む事業年度である場合には、その残余財産の確定の日の翌日を含む事業年度）開始の日（以下、この解説において「被分配法人7年前事業年度開始日」という。）が残余財産の確定に係る分配法人の前7年内事業年度（以下、この解説において「分配法人前7年内事業年度」という。）で引継対象超過利子額が生じた事業年度のうち最も古い事業年度開始の日（その適格合併が法人を設立するものである場合にあっては、その開始の日が最も早い分配法人のその事業年度開始の日。以下、この解説において「分配法人7年前事業年度開始日」という。）後である場合
　　その分配法人7年前事業年度開始日からその被分配法人7年前事業年度開始日の前日までの期間をその期間に対応するその分配法人7年前事業年度開始日に係る分配法人の分配法人前7年内事業年度ごとに区分したそれぞれの期間（その前日を含む期間にあっては、その分配法人のその前日を含む事業年度開始の日からその被分配法人7年前事業年度開始日の前日までの期間）

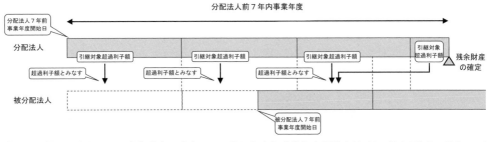

　②　その被分配法人のその残余財産の確定の日の翌日を含む事業年度が設立日（その被分配法人の設立の日をいう。以下同じ。）を含む事業年度である場合において、分配法人7年前事業年度開始日がその設立日以後であるとき
　　分配法人のその設立日の前日を含む事業年度開始の日（その分配法人がその設立日以後に設立されたものである場合には、その設立日の1年前の日）からその前日までの期間

本　　法	施行令・施行規則

通達・逐条解説

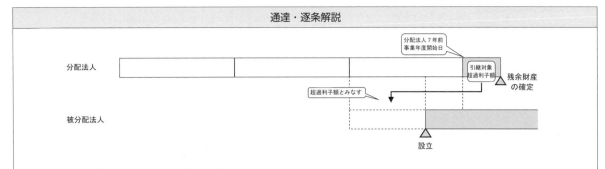

□　「引継対象超過利子額」という用語の意義は、次のとおりである。

引継対象超過利子額	適格合併に係る被合併法人又は残余財産の確定に係る分配法人（以下「被合併法人等」という。）のその適格合併の日前7年以内に開始し、又はその残余財産の確定の日の翌日前7年以内に開始した各事業年度（以下「前7年内事業年度」という。）において生じた被合併法人等の超過利子額（注1）に係る事業年度のうち最も古い事業年度（注2）以後の各事業年度の確定申告書の提出がある場合におけるその超過利子額 （注1）措法66の5の3③（適格合併等に係る被合併法人等の超過利子額の引継ぎ）又は措法66の5の3④（連結納税の承認が取り消された場合等の連結超過利子個別帰属額の引継ぎ）によりその被合併法人等の超過利子額とみなされたものを含み、措法66の5の3⑦（連結納税の承認を取り消された場合等の超過利子額の処理）によりないものとされたものを除く。 （注2）次の①又は②に掲げる超過利子額にあっては、それぞれに定める事業年度 　　①　その適格合併又は残余財産の確定の前に被合併法人等となる法人を合併法人とする適格合併（以下「直前適格合併」という。）が行われたこと又はその被合併法人等となる法人（内国法人に限る。）との間に完全支配関係がある他の法人（内国法人に限る。）の残余財産が確定したことに基因して措法66の5の3③によりその被合併法人等となる法人の超過利子額とみなされたもの 　　　その直前適格合併の日を含む事業年度又はその残余財産の確定の日の翌日を含む事業年度 　　②　連結納税の承認を取り消された場合等において措法66の5の3④によりその被合併法人等となる法人の単体納税における超過利子額とみなされたもの 　　　措法66の5の3④に規定する最終の連結事業年度終了の日の翌日を含む事業年度

措法66の5の3④　連結納税の承認が取り消された場合等の連結超過利子個別帰属額の引継ぎ

本　法	施行令・施行規則
【措法66の5の3】 4　法人が、法人税法第4条の5第1項若しくは第2項の規定により同法第4条の2の承認を取り消された場合又は同法第4条の5第3項の承認を受けた場合（以下この項において「承認の取消し等の場合」という。）において、当該承認の取消し等の場合の最終の連結事業年度終了の日の翌日を含む事業年度開始の日前7年以内に開始した各連結事業年度において生じた当該法人の連結超過利子個別帰属額（第68条の89の3第6項に規定する連結超過利子個別帰属額をいう。以下この項及び次項において同じ。）があるときは、当該翌日を含む事業年度以後の各事業年度における第1項及び第2項の規定の適用については、当該連結超過利子個別帰属額は、当該連結超過利子個別帰属額が生じた連結事業年度開始の日を含む当該法人の事業年度において生じた超過利子額とみなす。	

<table>
<tr><td align="center">通達・逐条解説</td></tr>
</table>

解　説　措法66の５の３④

□　法人が、法法４の５①（国税庁長官による連結納税の承認の取消し）若しくは法法４の５②（連結納税の承認のみなし取消し）により連結納税の承認を取り消された場合又は法法４の５③（連結納税の適用の取りやめ）の承認を受けた場合（以下「連結納税の承認の取消し等の場合」という。）において、その連結納税の承認の取消し等の場合の最終の連結事業年度終了の日の翌日を含む事業年度開始の日前７年以内に開始した各連結事業年度において生じたその法人の連結超過利子個別帰属額（➡措法68の89の３⑥の**解　説**参照）があるときは、その連結超過利子個別帰属額は、その連結超過利子個別帰属額が生じた連結事業年度開始の日を含むその法人の事業年度において生じた単体納税における超過利子額とみなすこととされている。

措法66の５の３⑤	適格合併等に係る被合併法人等が連結法人である場合の連結超過利子個別帰属額の引継ぎ

本　　法	施行令・施行規則
【措法66の５の３】 5　第３項の適格合併に係る被合併法人が連結法人（連結子法人にあっては、連結事業年度終了の日の翌日に当該連結子法人を被合併法人とする適格合併を行うものに限る。）である場合又は同項の残余財産が確定した他の法人が連結法人（当該連結法人の連結事業年度終了の日に残余財産が確定した連結子法人に限る。）である場合には、当該被合併法人又は他の法人の当該適格合併の日前７年以内に開始し、又は当該残余財産の確定の日の翌日前７年以内に開始した各連結事業年度において生じた連結超過利子個別帰属額を同項に規定する前７年内事業年度において生じた超過利子額と、連結確定申告書（法人税法第２条第32号に規定する連結確定申告書をいう。）を確定申告書と、当該連結超過利子個別帰属額が生じた連結事業年度を当該被合併法人又は他の法人の事業年度とみなして、同項の規定を適用する。	

<table>
<tr><td align="center">通達・逐条解説</td></tr>
</table>

解説　措法66の5の3⑤

☐　適格合併に係る被合併法人が連結法人（連結子法人にあっては、連結事業年度終了の日の翌日にその連結子法人を被合併法人とする適格合併を行うものに限る。）である場合には、❶その被合併法人のその適格合併の日前7年以内に開始した各連結事業年度において生じた連結超過利子個別帰属額をその適格合併の日前7年以内に開始した各事業年度（単体事業年度）（以下、この解説において「前7年内事業年度」という。）において生じた超過利子額と、❷連結確定申告書を確定申告書と、❸その連結超過利子個別帰属額が生じた連結事業年度をその被合併法人の事業年度（単体事業年度）（以下、この解説において「前7年内事業年度」という。）とみなして、措法66の5の3③（適格合併等に係る被合併法人等の超過利子額の引継ぎ）を適用することとされている（注）。

（注）　この場合において、被合併法人となる連結法人に各連結事業年度前の各事業年度（単体事業年度）で前7年内事業年度に該当する事業年度において生じた超過利子額があるときの取扱いについては、措法66の5の3⑥の**解説**参照。

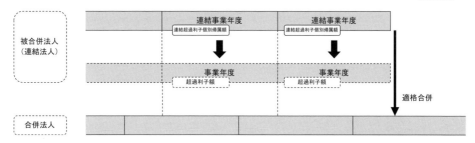

☐　残余財産が確定した他の法人が連結法人（その連結法人の連結事業年度終了の日に残余財産が確定した連結子法人に限る。）である場合には、❶当該他の法人のその残余財産の確定の日の翌日前7年以内に開始した各連結事業年度において生じた連結超過利子個別帰属額をその残余財産の確定の日の翌日前7年以内に開始した各事業年度（単体事業年度）（以下、この解説において「前7年内事業年度」という。）において生じた超過利子額と、❷連結確定申告書を確定申告書と、❸その連結超過利子個別帰属額が生じた連結事業年度を当該他の法人の事業年度（単体事業年度）とみなして、措法66の5の3③（適格合併等に係る被合併法人等の超過利子額の引継ぎ）を適用することとされている。

（注）　この場合において、残余財産が確定した他の法人となる連結法人に各連結事業年度前の各事業年度（単体事業年度）で前7年内事業年度に該当する事業年度において生じた超過利子額があるときの取扱いについては、措法66の5の3⑥の**解説**参照。

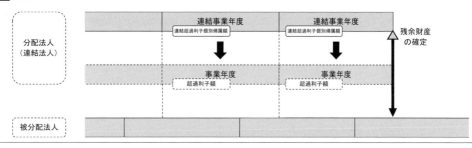

措法66の５の３⑥	適格合併等に係る被合併法人等が連結法人である場合の超過利子額の処理

本　　法	施行令・施行規則
【措法66の５の３】 6　前項に規定する場合において、同項の適格合併に係る被合併法人又は残余財産が確定した他の法人となる連結法人に同項に規定する各連結事業年度前の各事業年度で第３項に規定する前７年内事業年度に該当する事業年度において生じた超過利子額があるときは、当該超過利子額については、同項の規定は、適用しない。	

通達・逐条解説

解　説　措法66の５の３⑥

□　適格合併に係る被合併法人が連結法人（連結子法人にあっては、連結事業年度終了の日の翌日にその連結子法人を被合併法人とする適格合併を行うものに限る。）である場合には、その被合併法人のその適格合併の日前７年以内に開始した各連結事業年度において生じた連結超過利子個別帰属額をその適格合併の日前７年以内に開始した各事業年度（単体事業年度）（以下、この解説において「前７年内事業年度」という。）において生じた超過利子額とみなす等して、措法66の５の３③（適格合併等に係る被合併法人等の超過利子額の引継ぎ）を適用することとされている（➡措法66の５の３⑤の**解　説**参照）。この場合において、被合併法人となる連結法人に各連結事業年度前の各事業年度（単体事業年度）で前７年内事業年度に該当する事業年度において生じた超過利子額があるときは、その超過利子額については、措法66の５の３⑤の規定は、適用しないこととされている。

□　残余財産が確定した他の法人が連結法人（その連結法人の連結事業年度終了の日に残余財産が確定した連結法人に限る。）である場合には、当該他の法人のその残余財産の確定の日の翌日前７年以内に開始した各連結事業年度において生じた連結超過利子個別帰属額をその残余財産の確定の日の翌日前７年以内に開始した各事業年度（単体事業年度）（以下、この解説において「前７年内事業年度」という。）において生じた超過利子額とみなす等して、措法66の５の３③（適格合併等に係る被合併法人等の超過利子額の引継ぎ）を適用することとされている（➡措法66の５の３⑤の**解　説**参照）。この場合において、残余財産が確定した他の法人となる連結法人に各連結事業年度前の各事業年度（単体事業年度）で前７年内事業年度に該当する事業年度において生じた超過利子額があるときは、その超過利子額については、措法66の５の３⑤の規定は、適用しないこととされている。

措法66の５の３⑦ 連結納税の承認を取り消された場合等の超過利子額の処理	
本　　法	施行令・施行規則
【措法66の５の３】 7　法人（連結法人に限る。）が法人税法第15条の２第１項に規定する最初連結事業年度終了の日後に同法第４条の５第１項若しくは第２項の規定により同法第４条の２の承認を取り消された場合又は同法第４条の５第３項の承認を受けた場合の最終の連結事業年度後の各事業年度における第１項及び第２項の規定の適用については、当該連結事業年度前の各事業年度において生じた超過利子額は、ないものとする。	

通達・逐条解説

解説　措法66の５の３⑦

□　連結法人が最初連結事業年度終了の日後に法法４の５①（国税庁長官による連結納税の承認の取消し）若しくは法法４の５②（連結納税の承認のみなし取消し）により連結納税の承認を取り消された場合又は法法４の５③（連結納税の適用の取りやめ）の承認を受けた場合の最終の連結事業年度後の各事業年度（単体事業年度）においては、その連結事業年度前の各事業年度において生じた超過利子額は、ないものとされる。これは、連結超過利子個別帰属額を単体事業年度の超過利子額とみなす規定（措法66の５の３④）との重複を排除するための技術的な調整規定である（武田昌輔監修『ＤＨＣ　コンメンタール　法人税法』4981の224頁（第一法規、1979））。

措法66の5の3⑧　超過利子額の損金算入に係る適用要件

本　　法	施行令・施行規則
【措法66の5の3】 8　第1項又は第2項の規定は、超過利子額に係る事業年度のうち最も古い事業年度（第3項又は第4項の規定により当該法人の超過利子額とみなされた金額につき第1項又は第2項の規定を適用する場合にあっては、第3項の合併等事業年度又は第4項の最終の連結事業年度終了の日の翌日を含む事業年度）以後の各事業年度の確定申告書の提出があり、かつ、第1項又は第2項の規定の適用を受けようとする事業年度の確定申告書等、修正申告書又は更正請求書に当該超過利子額、これらの規定により損金の額に算入される金額及びその計算に関する明細を記載した書類の添付がある場合に限り、適用する。この場合において、これらの規定により損金の額に算入される金額の計算の基礎となる超過利子額は、当該書類に記載された超過利子額を限度とする。	

通達・逐条解説

解 説　措法66の5の3⑧

□　措法66の5の3①（超過利子額の損金算入）又は措法66の5の3②（本制度に係る超過利子額と外国子会社合算税制との適用調整）は、超過利子額に係る事業年度のうち最も古い事業年度（注）以後の各事業年度の確定申告書の提出があり、かつ、これらの規定の適用を受けようとする事業年度の確定申告書等（中間申告書を含む。措法2②二十七）、修正申告書又は更正請求書にその超過利子額、これらの規定により損金の額に算入される金額及びその計算に関する明細を記載した書類の添付がある場合に限り、適用される。この場合において、これらの規定により損金の額に算入される金額の計算の基礎となる超過利子額は、その書類に記載された超過利子額が限度とされる。

（注）措法66の5の3③（適格合併等に係る被合併法人等の超過利子額の引継ぎ）又は措法66の5の3④（連結納税の承認が取り消された場合等の連結超過利子個別帰属額の引継ぎ）によりその法人の超過利子額とみなされた金額につき措法66の5の3①又は措法66の5の3②を適用する場合にあっては、措法66の5の3③の合併等事業年度又は措法66の5の3④の最終の連結事業年度終了の日の翌日を含む事業年度

□　修正申告又は更正処分によって超過利子額が発生した場合にも、翌期以後繰越しの機会が認められ、当初の確定申告だけでなく、修正申告や更正の請求でも超過利子額の損金算入が適用でき、また、修正申告又は更正処分で調整所得金額が増加した場合には、これに連動して超過利子額の損金算入額を増加させることが可能である（R1-581）。

措法66の5の3⑨　外国法人に係る本制度の調整

本　　法	施行令・施行規則
【措法66の5の3】 9　外国法人に係る第1項の規定の適用については、同項の調整所得金額は当該外国法人の法人税法第141条第1号イに掲げる国内源泉所得に係る所得の金額に係るものに、同項の対象純支払利子等の額は当該外国法人の恒久的施設を通じて行う事業に係るものに、それぞれ限るものとする。	

通達・逐条解説
解　説　措法66の５の３⑨ □　外国法人に係る措法66の５の３①（超過利子額の損金算入）の適用については、調整所得金額はその外国法人の恒久的施設帰属所得（法法138①一）に係る所得の金額に係るものに、対象純支払利子等の額はその外国法人の恒久的施設を通じて行う事業に係るものに、それぞれ限るものとされる。

措法66の5の3⑩　政令委任

本　　法	施行令・施行規則
【措法66の5の3】 10　第3項の合併法人が適格合併により設立された法人である場合における第1項及び第2項の規定の適用その他前各項の規定の適用に関し必要な事項は、政令で定める。	【措令39の13の3】 6　法第66条の5の3第1項及び第2項の規定の適用を受けた法人のこれらの規定により損金の額に算入される金額は、法人税法第67条第3項及び第5項の規定の適用については、これらの規定に規定する所得等の金額に含まれるものとする。 7　法第66条の5の3第1項及び第2項の規定の適用を受けた法人の利益積立金額の計算については、これらの規定により損金の額に算入される金額は、法人税法施行令第9条第1項第1号イに規定する所得の金額に含まれるものとする。 8　法第66条の5の3第1項及び第2項の規定の適用がある場合における法人税法施行令第22条の規定の適用については、同条第1項中「合計額に」とあるのは「合計額（租税特別措置法第66条の5の3第1項及び第2項（対象純支払利子等に係る課税の特例）の規定により損金の額に算入される金額がある場合には、当該金額を加算した金額）に」と、同条第4項中「合計額に」とあるのは「合計額（租税特別措置法第66条の5の3第1項及び第2項の規定により損金の額に算入される金額がある場合には、当該金額を加算した金額）に」と、「の同条第6項」とあるのは「の法第23条第6項」とする。

通達・逐条解説

解説　措法66の5の3⑩・措令39の13の3⑥

☐　措法66の5の3①（超過利子額の損金算入）及び措法66の5の3②（本制度に係る超過利子額と外国子会社合算税制との適用調整）により損金の額に算入される金額は、特定同族会社の特別税率（法法67）の適用対象となる留保金額の計算上、法令67③（留保金額）及び法令67⑤（留保控除額）に規定する所得等の金額に含まれることとされている。

解説　措法66の5の3⑩・措令39の13の3⑦

☐　措法66の5の3①（超過利子額の損金算入）及び措法66の5の3②（本制度に係る超過利子額と外国子会社合算税制との適用調整）により損金の額に算入される金額は、利益積立金額の（法令9）計算上、所得の金額（法令9①一イ）に含まれることとされている。

解説　措法66の5の3⑩・措令39の13の3⑧

☐　措法66の5の3①（超過利子額の損金算入）及び措法66の5の3②（本制度に係る超過利子額と外国子会社合算税制との適用調整）により損金の額に算入される金額は、受取配当等の益金不算入額の計算において控除の対象となる負債の利子に加算される。

☐　措令39の13の3⑧による読替え後の法令22は、次の通りである。

【法令22】

1　法第23条第4項（受取配当等の益金不算入）に規定する政令で定めるところにより計算した金額は、同項の内国法人が同項の事業年度において支払う同項に規定する負債の利子の額の合計額（租税特別措置法第66条の5の3第1項及び第2項（対象純支払利子等に係る課税の特例）の規定により損金の額に算入される金額がある場合には、当該金額を加算した金額）に、第1号に掲げる金額のうちに第2号に掲げる金額の占める割合を乗じて計算した金額とする。

一　当該内国法人の当該事業年度及び当該事業年度の前事業年度（当該事業年度終了の時において、当該内国法人が、連結法人でない場合にあっては法第4条の2（連結納税義務者）の承認を受けていない期間に、連結法人である場合にあっては当該承認を受けている期間に限る。以下この条において同じ。）の確定した決算に基づく貸借対照表に計上されている総資産の帳簿価額（イからハまでに掲げる金額（当該内国法人が連結法人である場合にあっては、次に掲げる金額）がある場合には、これを減算した金額）の合計額

イ　固定資産の帳簿価額を損金経理により減額することに代えて積立金として積み立てている金額

ロ　租税特別措置法第52条の3（準備金方式による特別償却）又は第68条の41（準備金方式による特別償却）の規定により特別償却準備金として積み立てている金額

ハ　土地の再評価に関する法律（平成10年法律第34号）第3条第1項（土地の再評価）の規定により同項に規定する再評価が行われた土地に係る同法第7条第2項（再評価差額金）に規定する再評価差額金が当該貸借対照表に計上されている場合の当該土地に係る同条第1項に規定する再評価差額（以下この号において「再評価差額」という。）に相当する金額（当該事業年度終了の時又は当該事業年度の前事業年度終了の時に有する当該土地に係るものに限るものとし、当該土地についてその帳簿に記載された金額の減額をした場合には、次に掲げる場合の区分に応じそれぞれ次に定める金額を減算した金額とする。）

(1)　土地の再評価に関する法律第8条第2項第1号（再評価差額金の取崩し）に掲げる場合
　　当該土地の再評価差額のうちその減額した金額に相当する金額

(2)　土地の再評価に関する法律第8条第2項第2号に掲げる場合
　　当該土地の再評価差額に相当する金額

(3)　土地の再評価に関する法律第8条第2項第3号に掲げる場合
　　当該土地の再評価差額に相当する金額

ニ　当該内国法人との間に連結完全支配関係がある連結法人に支払う負債の利子の元本である負債の額に相当する金額

二　当該内国法人の当該事業年度及び当該事業年度の前事業年度終了の時における期末関連法人株式等の帳簿価額の合計額

2　前項第2号に規定する期末関連法人株式等とは、法第23条第4項の内国法人が有する株式等で当該内国法人の各事業年度終了の日の6月前の日の翌日（当該株式等を発行した同条第6項に規定する他の内国法人が当該翌日後に設立された法人である場合には、当該他の内国法人の設立の日）を第22条の3第1項（関連法人株式等の範囲）に規定する計算期間の初日とし、当該事業年度終了の日を同項に規定する計算期間の末日とした場合に法第23条第6項に規定する関連法人株式等となる株式等（期末完全子法人株式等を除く。）をいう。

3　前項に規定する期末完全子法人株式等とは、法第23条第4項の内国法人が他の内国法人（公益法人等及び人格のない社団等を除く。）との間に当該事業年度開始の日（当該他の内国法人が当該事業年度の中途において設立された法人である場合にあっては、当該他の内国法人の設立の日）からその終了の日まで継続して完全支配関係があった場合（当該内国法人が当該事業年度の中途において当該他の内国法人との間に完全支配関係を有することとなった場合において、当該事業年度開始の日から当該完全支配関係を有することとなった日まで継続して当該他の内国法人と他の者との間に当該他の者による完全支配関係があり、かつ、同日から当該事業年度終了

本　　法	施行令・施行規則

通達・逐条解説

の日まで継続して当該内国法人と当該他の者との間及び当該他の内国法人と当該他の者との間に当該他の者による完全支配関係があったときを含む。）の当該他の内国法人の株式等をいう。

4　平成27年4月1日に存する内国法人（当該内国法人が同日後に行われる適格合併に係る合併法人である場合には当該内国法人及び当該適格合併に係る被合併法人の全てが同日に存していたもの（当該適格合併が法人を設立する合併である場合にあっては、当該適格合併に係る被合併法人の全てが同日に存していたもの）に限るものとし、連結法人を除く。）は、第1項の規定にかかわらず、当該事業年度において支払う負債の利子（法第23条第4項に規定する負債の利子をいう。以下この項において同じ。）の額の合計額（租税特別措置法第66条の5の3第1項及び第2項の規定により損金の額に算入される金額がある場合には、当該金額を加算した金額）に、同日から平成29年3月31日までの間に開始した各事業年度（以下この項において「基準年度」という。）において支払った負債の利子の額の合計額（平成27年4月1日後に行われる適格合併に係る合併法人については、基準年度において当該合併法人及び当該適格合併に係る被合併法人がそれぞれ支払った負債の利子の額の合計額とする。）のうちに基準年度の法第23条第6項に規定する関連法人株式等に係る負債の利子の額として第1項の規定により計算した金額の合計額の占める割合（当該割合に小数点以下3位未満の端数があるときは、これを切り捨てる。）を乗じて計算した金額をもって同条第4項に規定する政令で定めるところにより計算した金額とすることができる。

第3章

連結法人の対象純支払利子等の
損金不算入

措法68の89の2①	損金不算入額の計算

本　　法	施行令・施行規則
【措法68の89の2】 1　連結法人の平成25年4月1日以後に開始する各連結事業年度において、各連結法人の当該連結事業年度の対象支払利子等の額の合計額（以下この項及び次項第6号において「対象支払利子等合計額」という。）から当該連結事業年度の控除対象受取利子等合計額を控除した残額（以下この項及び第3項において「対象純支払利子等の額」という。）が当該連結事業年度の連結調整所得金額（当該対象純支払利子等の額と比較するための基準とすべき連結所得の金額として政令で定める金額をいう。）の100分の20に相当する金額を超える場合には、当該各連結法人の当該連結事業年度の対象支払利子等合計額のうちその超える部分の金額に相当する金額は、当該連結事業年度の連結所得の金額の計算上、損金の額に算入しない。	【措令39の113の2】 1　法第68条の89の2第1項に規定する政令で定める金額は、法第68条の41第5項及び第6項、第68条の57第1項、第68条の57の2第1項、第68条の62第1項及び第2項、第68条の62の2第1項及び第5項、第68条の63第1項及び第2項、第68条の63の2第1項、第68条の64第1項、第68条の65第1項、第68条の89第1項、第68条の89の2第1項、第68条の89の3第1項及び第2項、第68条の91第3項及び第6項、第68条の93の3第3項及び第6項、第68条の98第1項及び第6項から第9項まで、第68条の105の2第1項及び第2項並びに第68条の105の3第1項及び第2項並びに法人税法第81条の5の2第1項、第81条の8第1項、第81条の8の2第1項並びに第81条の9第1項及び第4項並びに同法第81条の3第1項の規定により同項に規定する個別益金額又は個別損金額を計算する場合における同法第33条第2項（法人税法施行令第68条第1項各号に掲げる資産につき当該各号に定める事実が生じたものに適用される場合に限る。）、第59条第1項から第3項まで及び第62条の5第5項並びに法人税法施行令の一部を改正する政令（昭和42年政令第106号）附則第5条第4項において準用する同条第1項及び第2項の規定を適用せず、かつ、当該連結事業年度において支出した寄附金の額の全額を損金の額に算入して計算した場合の当該連結事業年度の連結所得の金額に、当該連結事業年度の法第68条の89の2第1項に規定する対象純支払利子等の額、減価償却資産に係る償却費の額（損金経理（法人税法第81条の20第1項第1号に掲げる金額を計算する場合にあっては、同項に規定する期間に係る各連結法人の決算において費用又は損失として経理することをいう。）の方法又は当該連結事業年度の決算の確定の日までに剰余金の処分により積立金として積み立てる方法により特別償却準備金として積み立てた金額を含む。）で当該連結事業年度の連結所得の金額の計算上損金の額に算入される金額、金銭債権の貸倒れによる損失の額で当該連結事業年度の連結所得の金額の計算上損金の額に算入される金額及び匿名組合契約等（第39条の13の2第1項に規定する匿名組合契約等をいう。以下この項において同じ。）により匿名組合員（第39条の13の2第1項に規定する匿名組合員をいう。以下この項において同じ。）に分配すべき利益の額で当該連結事業年度の連結所得の金額の計算上損金の額に算入される金額を加算した金額から法第68条の89の2第7項又は第68条の89の3第2項の規定の適用に係る法第68条の90第2項第1号に規定する外国関係会社に係る同条第1項に規定する個別課税対象金額、同条第6項に規定する個別部分課税対象金額若しくは同条第8項に規定する個別金融子会社等部分課税対象金額又は法第68条の93の2第1項に規定する外国関係法人に係る同項に規定する個別課税対象金額、同条第6項に規定する個別部分課税対象金額若しくは同条第8項に規定する個別金融関係法人部分課税対象金額及び匿名組合契約等により匿名組合員に負担させるべき損失の額で当該連結事業年度の連結所得の金額の計算上益金の額に算入される金額を減算した金額（当該金額が零を下回る場合には、零）とする。

通達・逐条解説

解　説　措法68の89の2①・措令39の113の2①

□　その連結事業年度の対象純支払利子等の額が連結調整所得金額の20％を超える場合には、その連結事業年度の対象支払利子等合計額のうち、その超える部分の金額に相当する金額は、その連結事業年度の連結所得の金額の計算上、損金の額に算入しないこととされている。対象純支払利子等の額とは、各連結法人の対象支払利子等の額の合計額から控除対象受取利子等合計額を控除した残額をいうところ、「対象支払利子等の額の合計額」は、連結法人ごとに計算した対象支払利子等の額を連結グループ全体で合計し（注1）、「控除対象受取利子等合計額」は、連結グループ全体で割合的に計算する（注2）こととされている（措法68の89の2②六）。また、連結調整所得金額は、当期の連結所得金額を基礎として、原則として、単体納税の場合と同様の調整を行った金額とされている。

（注1）同一の連結グループ内の他の連結法人に対する支払利子等の額を除く（措法68の89の2②三ハ）。

（注2）同一の連結グループ内の他の連結法人から受けるものを除く（措法68の89の2②六・措令39の113の2⑲）。

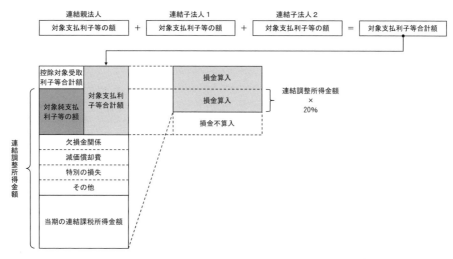

（H24-580、R-566・576を参考に作成）

措法68の89の2③　適用免除

本　　法	施行令・施行規則
【措法68の89の2】 3　第1項の規定は、各連結法人の当該連結事業年度の対象純支払利子等の額が2,000万円以下である場合には、適用しない。	

通達・逐条解説

解　説　措法68の89の２③

☐　各連結法人の連結事業年度の対象純支払利子等の額（連結グループ全体の金額）が2,000万円以下である場合には、本制度の適用はない。

☐　連結納税においては、連結グループ全体の対象純支払利子等の額と連結グループ全体の連結調整所得金額を比較して損金不算入額の計算を行うことから、単体納税において設けられている割合基準による少額免除基準（企業グループ単位の適用免除基準）と同様の基準は設けられていない（R1-582）。

措法68の89の2⑥　過少資本税制との適用関係の調整

本　　法	施行令・施行規則
【措法68の89の2】 6　当該連結事業年度に係る第1項に規定する超える部分の金額が各連結法人の当該連結事業年度に係る前条第1項（同条第2項の規定により読み替えて適用する場合を含む。）に規定する超える部分に対応するものとして政令で定めるところにより計算した金額の合計額以下となる場合には、第1項の規定は、適用しない。	【措令39の113の2】 21　法第68条の89の2第6項に規定する法第68条の89第1項（同条第2項の規定により読み替えて適用する場合を含む。）に規定する超える部分に対応するものとして政令で定めるところにより計算した金額は、前条第1項各号に定める金額（同条第2項又は第9項の規定の適用がある場合には、これらの規定により読み替えて適用する同条第1項各号に定める金額）とする。

通達・逐条解説

解　説　措法68の89の2⑥・措令39の113の2㉑

□　連結事業年度に係る本制度の適用がある場合の損金不算入額が、その連結事業年度に係る過少資本税制の適用がある場合の（連結グループとしての）損金不算入額以下となる場合には、本制度は、適用されない。また、過少資本税制の適用がある場合の（連結グループとしての）損金不算入額が、その連結事業年度に係る本制度の適用がある場合の損金不算入額を下回る場合（注）には、過少資本税制は、適用されない（措法68の89④、措令39の113⑪）。

（注）本制度の適用免除規定（➡措法68の89の2③の**解　説**参照）の適用がある場合を除く。

措法68の89の2⑧　損金不算入額の個別帰属額の定義

本　　法	施行令・施行規則
【措法68の89の2】 8　第1項の規定により損金の額に算入されない金額のうち各連結法人に帰せられる金額は、政令で定めるところにより計算した金額とする。	【措令39の113の2】 26　法第68条の89の2第8項に規定する政令で定めるところにより計算した金額は、当該連結事業年度の同条第1項（同条第7項の規定により読み替えて適用する場合を含む。）に規定する超える部分の金額に、第1号に掲げる金額のうちに第2号に掲げる金額の占める割合を乗じて計算した金額とする。 　一　各連結法人の当該連結事業年度の対象支払利子等の額の合計額 　二　当該連結法人の当該連結事業年度の対象支払利子等の額 28　第26項の規定により計算した金額を有する連結法人の法人税法第81条の18第1項に規定する個別所得金額又は個別欠損金額を計算するときは、第26項の規定により計算した金額は同条第1項に規定する個別帰属損金額に含まれないものとする。

通達・逐条解説

解　説　措法68の89の2⑧・措令39の113の2㉖㉘

□　本制度により損金不算入とされる金額のうち各連結法人に帰せられる金額は、次の算式により計算した金額とされている。この金額は、法法81の18①（連結法人税の個別帰属額の計算）に規定する個別所得金額又は個別欠損金額の計算上、個別帰属損金額（法法81の18①）に含まれないものとされる。

《算式》

$$\text{連結損金不算入額} \times \frac{\text{その連結法人の対象支払利子等の額}}{\text{各連結法人の対象支払利子等の額の合計額}}$$

第4章

連結超過利子額の損金算入

措法68の89の３① 連結超過利子額の損金算入

本　　法	施行令・施行規則
【措法68の89の３】 １　連結親法人の各連結事業年度開始の日前７年以内に開始した連結事業年度において前条第１項（同条第７項の規定により読み替えて適用する場合を含む。）の規定により損金の額に算入されなかった金額（この項及び次項の規定により当該各連結事業年度前の連結事業年度の連結所得の金額の計算上損金の額に算入されたものを除く。以下この条において「連結超過利子額」という。）がある場合には、当該連結超過利子額（次項の規定により当該各連結事業年度の連結所得の金額の計算上損金の額に算入されるものを除く。）に相当する金額は、当該各連結事業年度の前条第１項に規定する連結調整所得金額の100分の20に相当する金額から同項に規定する対象純支払利子等の額を控除した残額に相当する金額を限度として、当該各連結事業年度の連結所得の金額の計算上、損金の額に算入する。	

通達・逐条解説

解　説 措法68の89の３①

□　連結親法人の各連結事業年度開始の日前７年以内に開始した連結事業年度において本制度により損金の額に算入されなかった金額（注１）（以下「連結超過利子額」という。）がある場合には、その連結超過利子額（注２）に相当する金額は、その各連結事業年度の連結調整所得金額の20％に相当する金額から対象純支払利子等の額を控除した残額に相当する金額を限度として、その各連結事業年度の連結所得の金額の計算上、損金の額に算入することとされている。なお、この措置は、単体納税の場合と同様に、❶連結超過利子額に係る連結事業年度のうち最も古い連結事業年度以後の連結確定申告書の連続提出要件及び❷連結確定申告書等、修正申告書又は更正請求書への損金の額に算入される金額等を記載した書類の添付要件を満たす場合に適用を受けることができることとされている（措法68の89の３⑤）。

（注１）措法68の89の３①（連結超過利子額の損金算入）及び措法68の89の３②（本制度に係る連結超過利子額と外国子会社合算税制との適用調整）によりその各連結事業年度前の連結事業年度の連結所得の金額の計算上損金の額に算入されたものを除く。

（注２）措法68の89の３②（本制度に係る連結超過利子額と外国子会社合算税制との適用調整）によりその各連結事業年度の連結所得の金額の計算上損金の額に算入されるものを除く。

措法68の89の3③	連結超過利子額とみなされる金額

本　　法	施行令・施行規則
【措法68の89の3】	【措令39の113の3】
3　連結法人が次の各号に掲げる場合に該当するときは、その該当することとなった日を含む連結事業年度以後の各連結事業年度における前二項の規定の適用については、当該各号に定める超過利子額又は連結超過利子個別帰属額は、当該超過利子額又は連結超過利子個別帰属額が生じた連結事業年度として政令で定める連結事業年度において生じた連結超過利子額とみなす。	4　法第68条の89の3第3項に規定する政令で定める連結事業年度は、同項第1号に掲げる場合にあっては同項の連結法人（連結親法人に限る。）の同号イに掲げる超過利子額の生じた事業年度に対応する期間を連結事業年度とみなした場合の当該連結事業年度又は同項の連結法人（連結子法人に限る。）の同号イに掲げる超過利子額若しくは同号ロに掲げる連結超過利子個別帰属額の生じた事業年度若しくは旧連結事業年度（同号ロに規定する連結事業年度をいう。以下この項において同じ。）開始の日を含む当該連結親法人の連結事業年度（当該連結親法人
一　当該連結法人にイ又はロに掲げる超過利子額又は連結超過利子個別帰属額がある場合	の最初連結事業年度（法人税法第15条の2第1項に規定する最初連結事業年度をいう。以下この項及び第6項において同じ。）前の期間にあっては連結親法人対応事業年度（当該連結子法人の当該事業年度又は旧連結事業年度開始の日を含む当該連結親法人の事業年度に対応する期間をいい、第1号に掲げる場合には同号に定める期間を含む。）を当該連結親法人の連結事業年度とみなした場合の当該連結事業年度とし、当該連結子法人の最初連結事業年度開始の日を含む当該連結親法人の連結事業年度開始の日以後に開始した当該連結子法人の事業年度又は旧連結事業年度において生じた当該超過利子額又は連結超過利子個別帰属額にあっては当該連結事業年度の前連結事業年度とする。）とし、法第68条の89の3第3項第2号に掲げる場合にあっては同号イ又はロに規定する被合併法人又は他の内国法人（以下この項において「被合併法人等」という。）の同号に定める超過利子額又は連結超過利子個別帰属額の生じた事業年度又は被合併法人等旧連結事業年度（同号ロに規定する連結事業年度をいう。以下この項において同じ。）開始の日を含む当該連結親法人の連結事業年度（当該連結親法人の最初連結事業年度前の期間にあっては合併等連結親法人対応事業年度（当該被合併法人等の当該事業年度又は被合併法人等旧連結事業年度開始の日を含む当該連結親法人の事業年度に対応する期間をいい、第2号に掲げる場合には同号に定める期間を含む。）を当該連結親法人の連結事業年度とみなした場合の当該連結事業年度とし、当該連結親法人の同条第3項第2号に規定する適格合併の日を含む連結事業年度又は同号に規定する残余財産の確定の日の翌日を含む連結事業年度開始の日以後に開始した当該被合併法人等の事業年度又は被合併法人等旧連結事業年度において生じた当該超過利子額又は連結超過利子個別帰属額にあっては当該適格合併の日を含む連結事業年度又は当該残余財産の確定の日の翌日を含む連結事業年度の前連結事業年度とする。）とし、同項第3号に掲げる場合にあっては同号に規定する合併の日を含む当該連結親法人の連結事業年度又は同号に規定する残余財産の確定の日の翌日を含む当該連結親法人の連結事業年度の前連結事業年度とする。
当該超過利子額又は連結超過利子個別帰属額	
イ　最初連結事業年度（各連結事業年度の連結所得に対する法人税を課される最初の連結事業年度をいう。以下この項において同じ。）開始の日前7年以内に開始した当該連結法人（ロに規定する連結子法人を除く。）の各事業年度において生じた第66条の5の3第1項に規定する超過利子額（同条第3項又は第4項の規定により超過利子額とみなされたものを含み、同条第7項の規定によりないものとされたものを除く。）	
ロ　最初連結事業年度開始の日前7年以内に開始した当該連結子法人（当該開始の日の前日が連結事業年度終了の日であるものに限る。）の各連結事業年度において生じた連結超過利子個別帰属額	
二　当該連結親法人若しくは連結子法人を合併法人とする適格合併（被合併法人が当該連結親法人との間に連結完全支配関係がない法人（連結子法人で最初連結事業年度が終了していないものを含む。）であるものに限る。以下この号において同じ。）が行われた場合又は当該連結親法人との間に法人税法第2条第12号の7の6に規定する完全支配関係（当該連結親法人による同号に規定する完全支配関係又は同号に規定する相互の関係に限る。）がある他の内国法人で当該連結親法人若しくは連結子法人が発行済株式若しくは出資の全部若しくは一部を有するもの（当該連結親法人との間に連結完全支配関係があるものにあっては、連結子法人で最初連結事業年度が終了していないものに限る。）の残余財産が確定した場合	一　法第68条の89の3第3項第1号に掲げる場合において当該連結子法人の同号に定める超過利子額又は連結超過利子個別帰属額の生じた事業年度又は旧連結事業年度のうち最も古い事業年度又は旧連結事業年度開始の日（当該連結子法人が2以上ある場合には、当該開始の日が最も早い連結子法人の超過利子額又は連結超過利子個別帰属額が生じた事業年度又は旧連結事業年度開始の日。以下この号において「連結子法人超過利子額事業年度等開始日」という。）が当該連結親法人の事業年度のうち最も古い事業年度開始の日（以下この項において「連結親法人最初事業年度開始日」という。）前であるとき
次のイ又はロに掲げる超過利子額又は連結超過利子個別帰属額（当該他の内国法人に株主等（同条第14号に規定する株主等をいう。次号において同じ。）が2以上ある場合には、当該超過利子額又は連結超過利子個別帰属額を当該他の内国法人の発行済株式又は出資（当該他の内国法人が有する自己の株式又は出資を除く。）の総数又は総額で除し、これに当該連結親法人又は連結子法人の有する当該他の内国法人の株式又は出資の数又は金額を乗じて計算した金額）	当該連結子法人超過利子額事業年度等開始日から当該連結親法人最初事業年度開始日の前日までの期間を当該期間に対応する当該最も古い事業年度又は旧連結事業年度に係る連結子法人の事業年度又
イ　当該被合併法人又は他の内国法人（それぞれ	

通達・逐条解説

解説　措法68の89の3③・措令39の113の3④～⑥

□　連結納税を開始し又は連結グループに加入する場合には、超過利子額を連結グループに持ち込むことができる。また、連結法人を合併法人等、連結グループ外の他の法人を被合併法人等とする適格合併等が行われた場合には、その被合併法人等に係る超過利子額を連結グループに持ち込むことができる。さらに、連結法人間の合併等が行われた場合には、その合併等に係る被合併法人等の最終事業年度において生じた超過利子額を連結グループに持ち込むことができる。具体的には、次表の通りである。なお、この措置により超過利子額又は連結超過利子個別帰属額が生じた連結事業年度とされた期間は、本制度の適用上、連結法人の連結事業年度とみなされる。

	事　由	連結超過利子額とみなされる金額	連結超過利子額が生じたものとされる連結事業年度
①	連結納税を開始し又は連結グループに加入する場合	次のⅰ又はⅱに掲げる超過利子額又は連結超過利子個別帰属額 ⅰ　単体納税時の超過利子額 　　最初連結事業年度（注1）開始の日前7年以内に開始した連結法人（ⅱの連結子法人を除く。）の各事業年度において生じた超過利子額（注2） ⅱ　他の連結グループにおける連結納税時の連結超過利子個別帰属額 　　最初連結事業年度（注1）開始の日前7年以内に開始した連結子法人（注3）の各連結事業年度において生じた連結超過利子個別帰属額	（連結親法人） 左欄ⅰの超過利子額の生じた事業年度に対応する期間を連結事業年度とみなした場合のその連結事業年度 （連結子法人） 左欄ⅰの超過利子額又は左欄ⅱの連結超過利子個別帰属額の生じた事業年度又は旧連結事業年度（左欄ⅱの連結事業年度をいう。）開始の日を含むその連結親法人の連結事業年度（注4）

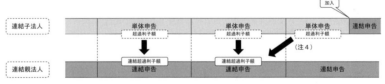

②	連結法人を合併法人等、連結グループ外の他の法人を被合併法人等とする適格合併等が行われた場合 ❶連結親法人若しくは連結子法人を合併法人とする適格合併（被合併法人がその連結親法人との間に連結完全支配関係がない法人（注5）であるものに限る。）が行われた場合又は❷その連結親法人との間に完全支配関係（注6）がある他の内国法人でその連結親法人若しくは連結子法人が発行済株式等の全部若しくは一部を有するもの（注7）の残余財産が確定した場合	次のⅰ又はⅱに掲げる超過利子額又は連結超過利子個別帰属額（注8） ⅰ　単体納税時の超過利子額 　　被合併法人又は他の内国法人（ⅱの被合併法人又は他の内国法人を除く。）のその適格合併の日前7年以内に開始し、又はその残余財産の確定の日の翌日前7年以内に開始した各事業年度（注9）において生じた引継対象超過利子額 ⅱ　他の連結グループにおける連結納税時の連結超過利子個別帰属額 　　被合併法人（注10）又は他の内国法人（注11）のその適格合併の日前7年以内に開始し、又はその残余財産の確定の日の翌日前7年以内に開始した各連結事業年度において生じたその被合併法人又は他の内国法人の連結超過利子個別	被合併法人又は他の内国法人のその超過利子額又は連結超過利子個別帰属額の生じた事業年度又は被合併法人等旧連結事業年度（左欄ⅱの連結事業年度をいう。）開始の日を含むその連結親法人の連結事業年度（注12）

本　　法	施行令・施行規則

ロに規定する被合併法人又は他の内国法人を除く。イにおいて同じ。）の当該適格合併の日前7年以内に開始し、又は当該残余財産の確定の日の翌日前7年以内に開始した各事業年度（当該被合併法人又は他の内国法人が連結子法人で最初連結事業年度が終了していないものである場合には、当該連結親法人との間に連結完全支配関係を有することとなった日前に開始した事業年度に限る。）において生じた第66条の5の3第3項に規定する引継対象超過利子額

ロ　当該被合併法人（当該適格合併の日の前日が連結事業年度終了の日であるものに限る。ロにおいて同じ。）又は当該他の内国法人（当該残余財産の確定の日が連結事業年度終了の日であるものに限る。ロにおいて同じ。）の当該適格合併の日前7年以内に開始し、又は当該残余財産の確定の日の翌日前7年以内に開始した各連結事業年度において生じた当該被合併法人又は他の内国法人の連結超過利子個別帰属額

三　連結法人を合併法人とする合併で当該連結法人との間に連結完全支配関係がある他の連結法人を被合併法人とするものが行われた場合（当該合併の日が連結親法人事業年度（法人税法第15条の2第1項に規定する連結親法人事業年度をいう。以下この号及び次項において同じ。）開始の日又は当該他の連結法人が連結親法人との間に連結完全支配関係を有することとなった日である場合を除く。）又は当該連結法人との間に連結完全支配関係がある他の連結法人で当該連結法人が発行済株式若しくは出資の全部若しくは一部を有するものの残余財産が確定した場合（当該残余財産の確定の日が連結親法人事業年度終了の日である場合を除く。）

これらの他の連結法人の当該合併の日の前日又は当該残余財産の確定の日を含む事業年度において生じた第66条の5の3第1項に規定する超過利子額（当該残余財産が確定した他の連結法人に株主等が2以上ある場合には、当該超過利子額に相当する金額を当該他の連結法人の発行済株式又は出資（当該他の連結法人が有する自己の株式又は出資を除く。）の総数又は総額で除し、これに当該連結法人の有する当該他の連結法人の株式又は出資の数又は金額を乗じて計算した金額）

施行令・施行規則

は旧連結事業年度ごとに区分した期間（当該前日を含む期間にあっては、当該連結子法人の当該前日を含む当該事業年度又は旧連結事業年度開始の日から当該前日までの期間）

二　法第68条の89の3第3項第2号に掲げる場合において当該被合併法人等の同号に定める超過利子額又は連結超過利子個別帰属額の生じた事業年度又は旧連結事業年度のうち最も古い事業年度又は被合併法人等旧連結事業年度開始の日（同号に規定する適格合併が法人を設立するものである場合には、当該開始の日が最も早い被合併法人等の当該超過利子額又は連結超過利子個別帰属額が生じた事業年度又は被合併法人等旧連結事業年度開始の日。以下この号において「被合併法人等超過利子額事業年度等開始日」という。）が連結親法人最初事業年度開始日前であるとき

当該被合併法人等超過利子額事業年度等開始日から当該連結親法人最初事業年度開始日の前日までの期間を当該期間に対応する当該最も古い事業年度又は被合併法人等旧連結事業年度に係る被合併法人等の事業年度又は被合併法人等旧連結事業年度ごとに区分した期間（当該前日を含む期間にあっては、当該被合併法人等の当該前日を含む当該事業年度又は被合併法人等旧連結事業年度開始の日から当該前日までの期間）

5　前項の規定により法第68条の89の3第3項に規定する超過利子額又は連結超過利子個別帰属額が生じた連結事業年度とされた期間は、同項の連結法人の連結事業年度とみなして、同条（同項を除く。）の規定を適用する。

6　連結子法人を合併法人とする適格合併（被合併法人が当該連結子法人との間に連結完全支配関係がない法人（連結子法人で最初連結事業年度が終了していないものを含む。）であるものに限る。以下この項において「直前適格合併」という。）が行われた場合又は当該連結子法人に係る連結親法人との間に法人税法第2条第12号の7の6に規定する完全支配関係（当該連結親法人による同号に規定する完全支配関係又は同号に規定する相互の関係に限る。）がある他の内国法人で当該連結子法人が発行済株式若しくは出資の全部若しくは一部を有するもの（当該連結親法人との間に連結完全支配関係があるものにあっては、連結子法人で最初連結事業年度が終了していないものに限る。）の残余財産が確定した場合において、当該直前適格合併の日若しくは残余財産の確定の日（以下この項において「直前適格合併等の日」という。）から当該直前適格合併等の日を含む連結親法人事業年度（同法第15条の2第1項に規定する連結親法人事業年度をいう。以下この項、次項、第8項及び第10項第2号において同じ。）終了の日までの間に当該連結子法人を被合併法人とする適格合併（当該連結子法人との間に連結完全支配関係がある他の連結法人を合併法人とする適格合併に限る。以下この項において「連結内適格合併」という。）が行われたとき、又は直前適格合併等の日から当該直前適格合併等の日を含む連結親法人事業年度終了の日の前日までの間に当該連結子法人の残余財産が確定したときは、当該連結内適格合併の日を含む当該連結親法人の連結事業年度又は当該残余財産の確定の日の翌日を含む当該連結親法人の連結事業年度以後の各連結事業年度において法第68条の89の3第1項及び第2項の規定の適用を受けることとなる同条第3項の規定により連結超過利子額（同条第1項に規定する連結超過利子額をいう。以下この条において同じ。）とみなされる当該直前適格合併に係る被合併法人又は当該他の内国法人（以下この項において「被合併法人等」という。）に係る法第68条の89の3第3項第2号に定める超過利子額又は連結超過利子個別帰属額は、当該連結子法人の当該連結内適格合併の日の前日又は当該連結子法人の残余財産の確定の日を含む事業

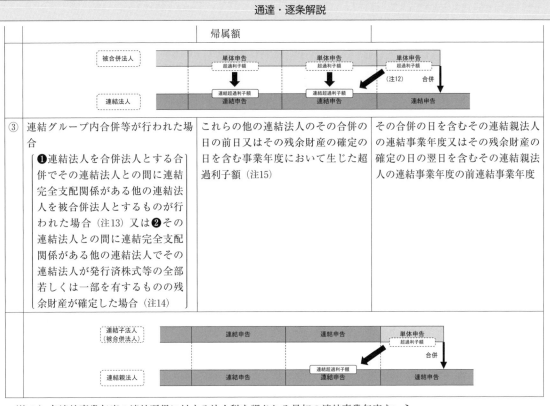

		帰属額	
③	連結グループ内合併等が行われた場合 ❶連結法人を合併法人とする合併でその連結法人との間に連結完全支配関係がある他の連結法人を被合併法人とするものが行われた場合（注13）又は❷その連結法人との間に連結完全支配関係がある他の連結法人でその連結法人が発行済株式等の全部若しくは一部を有するものの残余財産が確定した場合（注14）	これらの他の連結法人のその合併の日の前日又はその残余財産の確定の日を含む事業年度において生じた超過利子額（注15）	その合併の日を含むその連結親法人の連結事業年度又はその残余財産の確定の日の翌日を含むその連結親法人の連結事業年度の前連結事業年度

(注1) 各連結事業年度の連結所得に対する法人税を課される最初の連結事業年度をいう。

(注2) 措法66の5の3③（適格合併等に係る被合併法人等の超過利子額の引継ぎ）又は措法66の5の3④（連結納税の承認が取り消された場合等の連結超過利子個別帰属額の引継ぎ）により超過利子額とみなされたものを含み、措法66の5の3⑦（連結納税の承認を取り消された場合等の超過利子額の処理）によりないものとされたものを除く。

(注3) その開始の日の前日が連結事業年度終了の日であるものに限る。

(注4) 連結親法人の最初連結事業年度前の期間にあっては、連結親法人対応事業年度（※）をその連結親法人の連結事業年度とみなした場合のその連結事業年度とされる。

　また、その連結子法人の最初連結事業年度開始の日を含むその連結親法人の連結事業年度開始の日以後に開始したその連結子法人の事業年度又は旧連結事業年度において生じたその超過利子額又は連結超過利子個別帰属額にあっては、その連結事業年度の前連結事業年度とされる。

　※　連結子法人のその事業年度又は旧連結事業年度開始の日を含むその連結親法人の事業年度に対応する期間をいい、連結子法人の超過利子額又は連結超過利子個別帰属額の生じた事業年度又は旧連結事業年度のうち最も古い事業年度又は旧連結事業年度開始の日がその連結親法人の事業年度のうち最も古い事業年度開始の日（以下「連結親法人最初事業年度開始日」という。）前であるときは、その連結親法人最初事業年度開始日の前日までの期間をその期間に対応する連結子法人の事業年度又は旧連結事業年度ごとに区分した期間を含む。

(注5) 連結子法人で最初連結事業年度が終了していないものを含む。

(注6) その連結親法人による完全支配関係又はその相互の関係に限る。

(注7) その連結親法人との間に連結完全支配関係があるものにあっては、連結子法人で最初連結事業年度が終了していないものに限る。

(注8) 当該他の内国法人に株主等が2以上ある場合には、その超過利子額又は連結超過利子個別帰属額を当該他の内国法人の発行済株式等（当該他の内国法人が有する自己の株式等を除く。）の総数又は総額で除し、これにその連結親法人又は連結子法人の有する当該他の内国法人の株式等の数又は金額を乗じて計算した金額

(注9) その被合併法人又は他の内国法人が連結子法人で最初連結事業年度が終了していないものである場合には、その連結親法人との間に連結完全支配関係を有することとなった日前に開始した事業年度に限る。

(注10) 適格合併の日の前日が連結事業年度終了の日であるものに限る。

(注11) 残余財産の確定の日が連結事業年度終了の日であるものに限る。

(注12) 連結親法人の最初連結事業年度前の期間にあっては、その合併等連結親法人対応事業年度（※）をその連結親法人の連結事業年度とみなした場合のその連結事業年度とされる。

本　　　　法	施行令・施行規則
	年度（以下この項において「合併等前事業年度」という。）において当該被合併法人等に係る同号イ又はロに掲げる超過利子額又は連結超過利子個別帰属額で、法第66条の5の3第3項の規定により当該連結子法人の当該合併等前事業年度前の各事業年度において生じた同条第1項に規定する超過利子額とみなされた金額（当該合併等前事業年度の所得の金額の計算上損金の額に算入されたものを除く。）に相当する金額とする。

　　　また、連結親法人の適格合併の日を含む連結事業年度又は残余財産の確定の日の翌日を含む連結事業年度開始の日以後に開始したその被合併法人等の事業年度又は被合併法人等旧連結事業年度において生じた超過利子額又は連結超過利子個別帰属額にあっては、その適格合併の日を含む連結事業年度又はその残余財産の確定の日の翌日を含む連結事業年度の前連結事業年度とされる。

　　※　その被合併法人等のその事業年度又は被合併法人等旧連結事業年度開始の日を含むその連結親法人の事業年度に対応する期間をいい、被合併法人等の超過利子額又は連結超過利子個別帰属額の生じた事業年度又は被合併法人等旧連結事業年度のうち最も古い事業年度又は被合併法人等旧連結事業年度開始の日がその連結親法人の事業年度のうち最も古い事業年度開始の日（以下「連結親法人最初事業年度開始日」という。）前であるときは、その連結親法人最初事業年度開始日の前日までの期間をその期間に対応する被合併法人等の事業年度又は被合併法人等旧連結事業年度ごとに区分した期間を含む。

(注13)　その合併の日が連結親法人事業年度開始の日又は当該他の連結法人が連結親法人との間に連結完全支配関係を有することとなった日である場合を除く。

(注14)　その残余財産の確定の日が連結親法人事業年度終了の日である場合を除く。

(注15)　その残余財産が確定した他の連結法人に株主等が2以上ある場合には、その超過利子額に相当する金額を当該他の連結法人の発行済株式等（当該他の連結法人が有する自己の株式等を除く。）の総数又は総額で除し、これにその連結法人の有する当該他の連結法人の株式等の数又は金額を乗じて計算した金額

□　❶連結子法人を合併法人とする適格合併（被合併法人がその連結子法人との間に連結完全支配関係がない法人（注1）であるものに限る。以下「直前適格合併」という。）が行われた場合又は❷その連結子法人に係る連結親法人との間に完全支配関係（その連結親法人による完全支配関係又はその相互の関係に限る。）がある他の内国法人でその連結子法人が発行済株式等の全部若しくは一部を有するもの（注2）の残余財産が確定した場合において、❶その直前適格合併の日若しくは残余財産の確定の日（以下「直前適格合併等の日」という。）からその直前適格合併等の日を含む連結親法人事業年度終了の日までの間にその連結子法人を被合併法人とする適格合併（その連結子法人との間に連結完全支配関係がある他の連結法人を合併法人とする適格合併に限る。以下「連結内適格合併」という。）が行われたとき、又は❷直前適格合併等の日からその直前適格合併等の日を含む連結親法人事業年度終了の日の前日までの間にその連結子法人の残余財産が確定したときは、その連結内適格合併の日を含むその連結親法人の連結事業年度又はその残余財産の確定の日の翌日を含むその連結親法人の連結事業年度以後の各連結事業年度において措法68の89の3③（連結超過利子額とみなされる金額）により連結超過利子額とみなされるその直前適格合併に係る被合併法人又は当該他の内国法人（以下「被合併法人等」という。）に係る措法68の89の3③二（連結グループ外の他の法人を被合併法人等とする適格合併等に係るその被合併法人等の超過利子額等）に定める超過利子額又は連結超過利子個別帰属額は、その連結子法人のその連結内適格合併の日の前日又はその連結子法人の残余財産の確定の日を含む事業年度（以下「合併等前事業年度」という。）においてその被合併法人等に係る措法68の89の3③二イ又は措法68の89の3③二ロに掲げる超過利子額又は連結超過利子個別帰属額で、その連結子法人のその合併等前事業年度前の各事業年度において生じた超過利子額とみなされた金額（その合併等前事業年度の所得の金額の計算上損金の額に算入されたものを除く。）に相当する金額とすることとされている。

(注1)　連結子法人で最初連結事業年度が終了していないものを含む。

(注2)　その連結親法人との間に連結完全支配関係があるものにあっては、連結子法人で最初連結事業年度が終了していないものに限る。

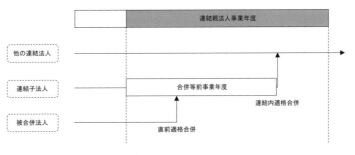

（H24-587を参考に作成）

措法68の89の3④　ないものとされる連結超過利子額

本　　法	施行令・施行規則
【措法68の89の3】 4　連結法人の次の各号に掲げる連結事業年度における第1項及び第2項の規定の適用については、当該各号に定める連結超過利子個別帰属額に係る連結超過利子額のうち当該連結超過利子個別帰属額に相当する金額は、ないものとする。 一　連結子法人が当該連結子法人を被合併法人とする合併を行った場合の当該合併の日を含む連結事業年度以後の各連結事業年度 　　当該合併の日を含む連結親法人事業年度開始の日前7年以内に開始した各連結事業年度において生じた当該連結子法人の連結超過利子個別帰属額（当該合併が当該連結子法人との間に連結完全支配関係がある他の連結法人を合併法人とする適格合併である場合には、当該連結超過利子個別帰属額のうち第66条の5の3第4項の規定により同条第1項に規定する超過利子額とみなされて当該連結子法人の当該合併の日の前日を含む事業年度の所得の金額の計算上損金の額に算入された金額） 二　連結子法人の残余財産が確定した場合のその残余財産の確定の日の翌日を含む連結事業年度以後の各連結事業年度 　　当該残余財産の確定の日の翌日を含む連結親法人事業年度開始の日前7年以内に開始した各連結事業年度において生じた当該連結子法人の連結超過利子個別帰属額のうち第66条の5の3第4項の規定により同条第1項に規定する超過利子額とみなされて当該連結子法人の当該残余財産の確定の日を含む事業年度の所得の金額の計算上損金の額に算入された金額 三　連結子法人が破産手続開始の決定により解散をした場合の当該破産手続開始の決定の日の翌日を含む連結事業年度以後の各連結事業年度 　　当該破産手続開始の決定の日の翌日を含む連結親法人事業年度開始の日前7年以内に開始した各連結事業年度において生じた当該連結子法人の連結超過利子個別帰属額 四　連結子法人が連結親法人との間に当該連結親法人による連結完全支配関係を有しなくなった場合（前三号に規定する場合に該当する場合を除く。）のその有しなくなった日を含む連結事業年度以後の各連結事業年度 　　その有しなくなった日を含む連結親法人事業年度開始の日前7年以内に開始した各連結事業年度において生じた当該連結子法人の連結超過利子個別帰属額	【措令39の113の3】 7　連結子法人を合併法人とする適格合併で当該連結子法人との間に連結完全支配関係がある他の連結子法人を被合併法人とするもの（以下この項において「直前適格合併」という。）が行われた場合又は当該連結子法人との間に連結完全支配関係がある他の連結子法人で当該連結子法人が発行済株式若しくは出資の全部若しくは一部を有するものの残余財産が確定した場合において、当該連結子法人が当該直前適格合併の日又は当該残余財産の確定の日（以下この項において「直前適格合併等の日」という。）から当該直前適格合併等の日を含む連結親法人事業年度終了の日までの間に法人税法第4条の5第1項又は第2項の規定により同法第4条の2の承認を取り消されたときにおける法第68条の89の3第4項の規定の適用については、次の各号に掲げるその承認を取り消された基因となる事由の区分に応じ当該各号に定めるところによる。 一　当該連結子法人を被合併法人とする合併（当該連結子法人との間に連結完全支配関係がある他の連結法人を合併法人とするものに限る。）が行われたこと又は当該連結子法人の残余財産が確定したこと 　　当該合併に係る法第68条の89の3第4項第1号に定める金額又は当該連結子法人の残余財産の確定に係る同項第2号に定める金額には、これらの他の連結子法人の法第66条の5の3第3項に規定する引継対象超過利子額で同項の規定により当該連結子法人の同条第1項に規定する超過利子額とみなされて当該合併の日の前日又は当該残余財産の確定の日を含む事業年度の所得の金額の計算上損金の額に算入された金額を含むものとする。 二　前号に掲げる事由以外の事由 　　当該直前適格合併に係る法第68条の89の3第4項第1号に定める金額又は当該他の連結子法人の残余財産の確定に係る同項第2号に定める金額は、次に掲げる金額の合計額とする。 イ　これらの他の連結子法人の当該直前適格合併の日の前日又は当該残余財産の確定の日を含む事業年度において生じた法第68条の89の3第3項第3号に定める超過利子額 ロ　これらの他の連結子法人の当該直前適格合併の日を含む連結親法人事業年度又は当該残余財産の確定の日の翌日を含む連結親法人事業年度開始の日前7年以内に開始した各連結事業年度において生じた法第68条の89の3第6項に規定する連結超過利子個別帰属額（当該残余財産が確定した他の連結子法人に株主等（法人税法第2条第14号に規定する株主等をいう。第10項第2号ロにおいて同じ。）が2以上ある場合には、当該連結超過利子個別帰属額を当該他の連結子法人の発行済株式又は出資（当該他の連結子法人が有する自己の株式又は出資を除く。）の総数又は総額で除し、これに当該連結子法人の有する当該他の連結子法人の株式又は出資の数又は金額を乗じて計算した金額） 8　連結子法人を合併法人とする合併（適格合併を除く。）で当該連結子法人との間に連結完全支配関係がある他の連結子法人を被合併法人とするもの（以下この項において「直前非適格合併」という。）が行われた場合において、当該連結子法人が当該直前非適格合併の日から当該直前非適格合併の日を含む連結親法人事業年度終了の日までの間に法人税法第4条の5第1項又は第2項の規定により同法第4条の2の承認を取り消されたとき（当該連結子法人を被合併法人とする合併（当該連結子法人との間に連結完全支配関係がある他の連結法人を合併法人とするもの

		通達・逐条解説	

解　説　措法68の89の3④・措令39の113の3⑦⑧

□　連結グループからの離脱等の一定の事由に該当する場合、その離脱した連結子法人の連結超過利子個別帰属額に相当する金額は、ないものとされる。具体的には、次表のとおりである。

	一定の事由	対象連結事業年度	ないものとされる連結超過利子個別帰属額に相当する金額
①	連結グループ内法人を被合併法人とする合併	連結子法人がその連結子法人を被合併法人とする合併を行った場合のその合併の日を含む連結事業年度以後の各連結事業年度	その合併の日を含む連結親法人事業年度開始の日前7年以内に開始した各連結事業年度において生じたその連結子法人の連結超過利子個別帰属額（その合併が他の連結法人を合併法人とする適格合併である場合には、その連結超過利子個別帰属額のうち措法66の5の3④（連結納税の承認が取り消された場合等の連結超過利子個別帰属額の引継ぎ）により単体納税における超過利子額とみなされてその連結子法人のその合併の日の前日を含む事業年度の所得の金額の計算上損金の額に算入された金額）（注1）（注2）（注3）
②	連結グループ内法人の残余財産の確定	連結子法人の残余財産が確定した場合のその残余財産の確定の日の翌日を含む連結事業年度以後の各連結事業年度	その残余財産の確定の日の翌日を含む連結親法人事業年度開始の日前7年以内に開始した各連結事業年度において生じたその連結子法人の連結超過利子個別帰属額のうち措法66の5の3④（連結納税の承認が取り消された場合等の連結超過利子個別帰属額の引継ぎ）により単体納税における超過利子額とみなされてその連結子法人のその残余財産の確定の日を含む事業年度の所得の金額の計算上損金の額に算入された金額（注1）（注2）
③	破産手続開始の決定による解散	連結子法人が破産手続開始の決定により解散をした場合のその破産手続開始の決定の日の翌日を含む連結事業年度以後の各連結事業年度	その破産手続開始の決定の日の翌日を含む連結親法人事業年度開始の日前7年以内に開始した各連結事業年度において生じたその連結子法人の連結超過利子個別帰属額
④	上記以外の事由による連結完全支配関係の消滅	連結子法人が連結親法人との間にその連結親法人による連結完全支配関係を有しなくなった場合（上記①から③までに該当する場合を除く。）のその有しなくなった日を含む連結事業年度以後の各連結事業年度	その有しなくなった日を含む連結親法人事業年度開始の日前7年以内に開始した各連結事業年度において生じたその連結子法人の連結超過利子個別帰属額

（注1）　直前適格合併等の後に連結グループ内合併等が行われた場合の特例

　　　　❶連結子法人を合併法人とする適格合併でその連結子法人との間に連結完全支配関係がある他の連結子法人を被合併法人とするもの（以下「直前適格合併」という。）が行われた場合又は❷その連結子法人との間に連結完全支配関係がある他の連結子法人でその連結子法人が発行済株式等の全部若しくは一部を有するものの残余財産が確定した場合において、❶その連結子法人がその直前適格合併の日又はその残余財産の確定の日（以下「直前適格合併等の日」という。）からその直前適格合併等の日を含む連結親法人事業年度終了の日までの間に、その連結子法人を被合併法人とする合併（その連結子法人との間に連結完全支配関係がある他の連結法人を合併法人とするものに限る。）が行われたこと又は❷その連結子法人の残余財産が確定したことにより連結納税の承認を取り消されたときにあっては、これらの他の連結子法人の引継対象超過利子額で措法66の5の3③（適格合併等に係る被合併法人等の超過利子額の引継ぎ）によりその連結子法人の単体納税における超過利子額とみなされてその合併の日の前日又はその残余財産の確定の日を含む事業年度の所得の金額の計算上損金の額に算入された金額を含むものとされている。

本　　法	施行令・施行規則
	に限る。）が行われたこと又は当該連結子法人の残余財産が確定したことにより同条の承認を取り消されたときを除く。）における法第68条の89の3第4項の規定の適用については、当該直前非適格合併に係る同項第1号に定める金額には、当該他の連結子法人の当該直前非適格合併の日の前日を含む事業年度において生じた同条第3項第3号に定める超過利子額を含むものとする。

通達・逐条解説

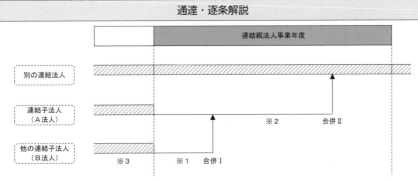

※1　B法人の最終事業年度において、B法人の連結超過利子個別帰属額は、B法人の単体事業年度で生じた超過利子額とみなされ（措法66の5の3④）、その最後事業年度において調整所得金額の20％に相当する金額から対象純支払利子等の額を控除した残額がある場合には、その残額の範囲内でその超過利子額を損金算入することができる（措法66の5の3①）。

※2　A法人の最終事業年度において、A法人の連結超過利子個別帰属額は、A法人の単体事業年度で生じた超過利子額とみなされる（措法66の5の3④）。また、※1の損金算入後にまだB法人の超過利子額が残っている場合には、その残額については、A法人の超過利子額とみなされる（措法66の5の3③）。その上で、この最終事業年度において調整所得金額の20％に相当する金額から対象純支払利子等の額を控除した残額がある場合には、これらのみなされた超過利子額を、その残額の範囲内で損金算入することができる（措法66の5の3①）。

※3　連結グループの連結超過利子額については、B法人の連結超過利子個別帰属額に係る連結超過利子額のうち最終事業年度において損金算入された超過利子額に相当する金額はないものとされ（措法68の89の3④一）、A法人の※2によりみなされた超過利子額で損金算入された金額に相当する金額はないものとされる（措法68の89の3④一、措令39の113の3⑦一）。

（H24-587を一部加工）

（注2）直前適格合併等の後に連結グループから離脱する場合の特例
　　❶直前適格合併が行われた場合又は❷その連結子法人との間に連結完全支配関係がある他の連結子法人でその連結子法人が発行済株式等の全部若しくは一部を有するものの残余財産が確定した場合において、その連結子法人がその直前適格合併等の日からその直前適格合併等の日を含む連結親法人事業年度終了の日までの間に、（注1）に掲げる事由以外の事由により連結納税の承認を取り消されたときにあっては、次に掲げる金額の合計額とすることとされている。
①　これらの他の連結子法人のその直前適格合併の日の前日又はその残余財産の確定の日を含む事業年度において生じた超過利子額
②　これらの他の連結子法人のその直前適格合併の日を含む連結親法人事業年度又はその残余財産の確定の日の翌日を含む連結親法人事業年度開始の日前7年以内に開始した各連結事業年度において生じた連結超過利子個別帰属額（※）
　※　その残余財産が確定した他の連結子法人に株主等が2以上ある場合には、その連結超過利子個別帰属額に、その連結子法人の有する当該他の連結子法人の株式等の数又は金額が当該他の連結子法人の発行済株式等の総数又は総額のうちに占める割合を乗じて計算した金額

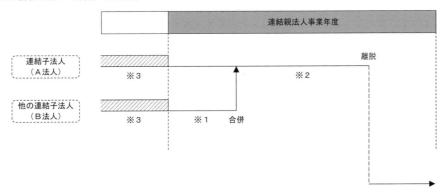

※1　B法人の最終事業年度において、B法人の連結超過利子個別帰属額は、B法人の単体事業年度で生じた超過利子額とみなされ（措法66の5の3④）、その最終事業年度に調整所得金額の20％に相当する金額から対象純支払利子等の額を控除した残額がある場合には、その残額の範囲内でそのみなされた超過利子額を損金算入することができる（措法66の5の3①）。

※2　A法人の離脱事業年度において、A法人の連結超過利子個別帰属額は、A法人の単体事業年度において生じた超過利子額とみなされる（措法66の5の3④）。また、※1の損金算入後にまだB法人の超過利子額が残っている場合に

本　　法	施行令・施行規則

通達・逐条解説

は、その残額については、A法人の超過利子額とみなされる（措法66の5の3③）。その上で、この離脱事業年度において調整所得金額の20％に相当する金額から対象純支払利子等の額を控除した残額がある場合には、これらのみなされた超過利子額を、その残額の範囲内で損金算入することができる（措法66の5の3①）。

※3　連結グループの連結超過利子額については、B法人の連結超過利子個別帰属額に係る連結超過利子額のうちその連結超過利子個別帰属額に相当する金額及びB法人の最終事業年度において生じた超過利子額に相当する金額がないものとされ（措令39の113の3⑦二）、A法人の連結超過利子個別帰属額に係る連結超過利子額のうちその連結超過利子個別帰属額に相当する金額がないものとされる（措法68の89の3④四）。

（H24-588を一部加工）

（注3）直前非適格合併の後に連結グループから離脱する場合の特例

連結子法人を合併法人とする合併（適格合併を除く。）でその連結子法人との間に連結完全支配関係がある他の連結子法人を被合併法人とするもの（以下「直前非適格合併」という。）が行われた場合において、その連結子法人がその直前非適格合併の日からその直前非適格合併の日を含む連結親法人事業年度終了の日までの間に連結納税の承認を取り消されたとき（※）にあっては、当該他の連結子法人のその直前非適格合併の日の前日を含む事業年度において生じた超過利子額を含むものとされている。

※　❶その連結子法人を被合併法人とする合併（その連結子法人との間に連結完全支配関係がある他の連結法人を合併法人とするものに限る。）が行われたこと又は❷その連結子法人の残余財産が確定したことにより連結納税の承認を取り消されたときを除く。

措法68の89の3⑥	連結超過利子個別帰属額の定義

本　　法	施行令・施行規則
【措法68の89の3】 6　前三項に規定する連結超過利子個別帰属額とは、連結超過利子額のうち各連結法人に帰せられる金額として政令で定めるところにより計算した金額をいう。	【措令39の113の3】 9　法第68条の89の3第6項に規定する政令で定めるところにより計算した金額は、当該連結事業年度において生じた連結超過利子額（同条第3項（第2号及び第3号に係る部分に限る。）の規定により連結超過利子額とみなされたものを除く。）に、第1号に掲げる金額のうちに第2号に掲げる金額の占める割合を乗じて計算した金額（当該連結超過利子額が同条第3項（第1号に係る部分に限る。）の規定により当該連結事業年度において生じた連結超過利子額とみなされた当該連結法人の同項第1号に定める超過利子額又は連結超過利子個別帰属額である場合には、当該超過利子額又は連結超過利子個別帰属額に相当する金額）とする。 一　各連結法人の当該連結事業年度の対象支払利子等の額の合計額 二　当該連結法人の当該連結事業年度の対象支払利子等の額 10　前項の連結事業年度（以下この項において「超過利子連結事業年度」という。）後の各連結事業年度において次の各号に掲げる場合に該当することとなったときは、前項の連結法人の当該各連結事業年度以後の同項に規定する政令で定めるところにより計算した金額は、同項に規定する計算した金額（以下この項において「連結超過利子個別帰属発生額」という。）に第1号から第3号までに定める金額を加算し、又は当該連結超過利子個別帰属発生額から第4号に定める金額を控除した金額とする。 一　当該連結法人が法第68条の89の3第3項第2号に掲げる場合に該当することとなったとき 　　同号に定める超過利子額又は連結超過利子個別帰属額のうち同項の規定（第6項の規定の適用がある場合には、同項の規定を含む。）により当該超過利子連結事業年度において生じた連結超過利子額とみなされた金額 二　当該連結法人を合併法人とする合併（当該連結法人との間に連結完全支配関係がある他の連結子法人を被合併法人とする適格合併に限る。）が行われた場合又は当該連結法人との間に連結完全支配関係がある他の連結子法人で当該連結法人が発行済株式若しくは出資の全部若しくは一部を有するものの残余財産が確定した場合 　　次に掲げる金額の合計額 イ　法第68条の89の3第3項第3号に定める超過利子額のうち同項の規定により当該超過利子連結事業年度において生じた連結超過利子額とみなされた金額（第7項第1号の規定の適用を受ける場合には、同号の規定により同条第4項第1号又は第2号に定める金額に含むものとされる金額を控除した金額） ロ　当該合併に係る被合併法人となる他の連結子法人又は当該残余財産が確定した他の連結子法人（ロにおいて「被合併法人等」という。）の当該合併の日を含む連結親法人事業年度又は当該残余財産の確定の日の翌日を含む連結親法人事業年度開始の日前7年以内に開始した各連結事業年度において生じた法第68条の89の3第6項に規定する連結超過利子個別帰属額（当該連結超過利子個別帰属額のうち法第66条の5の3第4項の規定により同条第1項に規定する超過利子額とみなされて当該被合併法人等の当該合併の日の前日又は当該残余財産の確定の日を含む事業年度の所得の金額の計算上損金の額に算入された金額（第7項第1号の規定の適用を受ける場合には、同号の規定により法第68条の89の3第4項第1号又は第2号に定める金額に含むものとされる金額を加算した金額。ロにおいて「損金算入額」という。）がある場合には、当該損金算入額を控除した金額）のう

| | 通達・逐条解説 | |

解説 措法68の89の3⑥・措令39の113の3⑨⑩

☐ 連結超過利子個別帰属額とは、連結超過利子額のうち各連結法人に帰せられる金額として、次の算式により計算した金額をいう。これは、連結超過利子額を連結法人ごとに管理するためのものである（H24-589）。

《算式》

| 連結超過利子額（注）× | その連結法人の対象支払利子等の額 ／ 各連結法人の対象支払利子等の額の合計額 |

（注）措法68の89の3③二（連結グループ外の他の法人を被合併法人等とする適格合併等に係るその被合併法人等の超過利子額等）及び措法68の89の3③三（連結グループ内合併等に係る被合併法人等の最終事業年度において生じた超過利子額）により連結超過利子額とみなされたものを除く。

☐ 連結超過利子額が生じた連結事業年度（以下「超過利子連結事業年度」という。）後の各連結事業年度において次の①から④までに掲げる場合に該当することとなったときは、連結超過利子個別帰属額は、上記の算式により計算した金額に次の①から③までの金額を加算し、又は上記の算式により計算した金額から次の④の金額を控除した金額とすることとされている。

	事　　由	調整金額
①	連結法人を合併法人等、連結グループ外の他の法人を被合併法人等とする適格合併等が行われた場合　❶連結親法人若しくは連結子法人を合併法人とする適格合併（被合併法人がその連結親法人との間に連結完全支配関係がない法人（注1）であるものに限る。）が行われた場合又は❷その連結親法人との間に完全支配関係（注2）がある他の内国法人でその連結親法人若しくは連結子法人が発行済株式等の全部若しくは一部を有するもの（注3）の残余財産が確定した場合	措法68の89の3③（連結超過利子額とみなされる金額）（注4）により超過利子連結事業年度において生じた連結超過利子額とみなされた金額
②	連結法人を合併法人等、他の連結子法人を被合併法人等とする連結グループ内適格合併等が行われた場合　❶連結法人を合併法人とする合併（その連結法人との間に連結完全支配関係がある他の連結子法人を被合併法人とする適格合併に限る。）が行われた場合又は❷連結法人との間に連結完全支配関係がある他の連結子法人でその連結法人が発行済株式等の全部若しくは一部を有するものの残余財産が確定した場合	次に掲げる金額の合計額　i　当該他の連結子法人の最終事業年度において生じた超過利子額のうち超過利子連結事業年度において生じた連結超過利子額とみなされた金額（注5）　ii　当該他の連結子法人の最終事業年度開始の日前7年以内に開始した各連結事業年度において生じた連結超過利子個別帰属額（注6）のうちその超過利子連結事業年度において生じた金額（注7）
③	連結法人を合併法人、他の連結子法人を被合併法人とする連結グループ内非適格合併が行われた場合　［連結法人を合併法人とする合併（連結グループ内の他の連結子法人を被合併法人とする非適格合併に限る。）が行われた場合］	当該他の連結法人の最終事業年度において生じた超過利子額のうちその超過利子連結事業年度において生じた連結超過利子額とみなされた金額
④	連結超過利子額がその生じた連結事業年度後の連結事業年度において控除された場合　［超過利子連結事業年度において生じた連結超過利子額に相当する金額が措法68の89の3①（連結超過利子額の損金算入）及び措法68の89の3②（本制度に係る連結超過利子額と外国子会社合算税制との適用調整）によりその超過利子連結事業年度後の各連結事業年度の連結所得の金額の計算上損金の額に算入された場合］	その損金の額に算入された連結超過利子額に相当する金額のうち次の算式によりその連結法人に帰せられることとなる金額　連結超過利子控除額 × その連結法人のその連結事業年度開始の日前7年以内に開始した連結事業年度において生じた連結超過利子個別帰属額 ／ 各連結法人のその連結事業年度開始の日前7年以内に開始した連結事業年度において生じた連結超過利子個別帰属額の合計額

本　　　法	施行令・施行規則
	ち当該超過利子連結事業年度において生じた金額（当該残余財産が確定した他の連結子法人に株主等が2以上ある場合には、当該金額を当該他の連結子法人の発行済株式又は出資（当該他の連結子法人が有する自己の株式又は出資を除く。）の総数又は総額で除し、これに当該連結法人の有する当該他の連結子法人の株式又は出資の数又は金額を乗じて計算した金額） 三　当該連結法人を合併法人とする合併（当該連結法人との間に連結完全支配関係がある他の連結子法人を被合併法人とする合併（適格合併を除く。）に限る。）が行われた場合 　　法第68条の89の3第3項第3号に定める超過利子額のうち同項の規定により当該超過利子連結事業年度において生じた連結超過利子額とみなされた金額 四　当該超過利子連結事業年度において生じた連結超過利子額に相当する金額が法第68条の89の3第1項及び第2項の規定により当該超過利子連結事業年度後の各連結事業年度の連結所得の金額の計算上損金の額に算入された場合 　　当該損金の額に算入された連結超過利子額に相当する金額のうち次項の規定により当該連結法人に帰せられることとなる金額

通達・逐条解説

（注1）連結子法人で最初連結事業年度が終了していないものを含む。

（注2）その連結親法人による完全支配関係又はその相互の関係に限る。

（注3）その連結親法人との間に連結完全支配関係があるものにあっては、連結子法人で最初連結事業年度が終了していないものに限る。

（注4）措令39の113の3⑥（直前適格合併等の後に連結グループ内適格合併等が行われた場合に連結超過利子額とみなされる金額）を含む。

（注5）措令39の113の3⑦一（直前適格合併等の後に連結グループ内合併等が行われた場合にないものとされる連結超過利子額）によりないものとされる連結超過利子額を控除した金額

（注6）その連結超過利子個別帰属額のうち措法66の5の3④（連結納税の承認が取り消された場合等の連結超過利子個別帰属額の引継ぎ）により単体納税における超過利子額とみなされてその被合併法人等の最終事業年度の所得の金額の計算上損金の額に算入された金額（※）がある場合には、その損金の額に算入された金額を控除した金額

　　※　措令39の113の3⑦一（直前適格合併等の後に連結グループ内合併等が行われた場合にないものとされる連結超過利子額）の適用を受ける場合には、措法68の89の3④一（連結グループ内合併）又は措法68の89の3④二（連結グループ内法人の残余財産の確定）に定める金額に含むものとされる金額を加算した金額

（注7）その残余財産が確定した他の連結子法人に株主等が2以上ある場合には、その金額を当該他の連結子法人の発行済株式等（当該他の連結子法人が有する自己の株式等を除く。）の総数又は総額で除し、これにその連結法人の有する当該他の連結子法人の株式等の数又は金額を乗じて計算した金額

措法68の89の3⑦　政令委任

本　　法	施行令・施行規則
【措法68の89の3】 7　第1項又は第2項の規定により損金の額に算入される金額のうち各連結法人に帰せられる金額の計算その他第1項から第5項までの規定の適用に関し必要な事項は、政令で定める。	【措令39の113の3】 11　法第68条の89の3第1項の規定により連結事業年度の連結所得の金額の計算上損金の額に算入された連結超過利子額に相当する金額（以下この項において「連結超過利子控除額」という。）のうち各連結法人に帰せられる金額は、当該連結超過利子控除額に、第1号に掲げる金額のうちに第2号に掲げる金額の占める割合を乗じて計算した金額とし、同条第2項の規定により連結事業年度の連結所得の金額の計算上損金の額に算入された連結超過利子額に相当する金額のうち各連結法人に帰せられる金額は、第3項の規定により計算した金額とする。 一　各連結法人の当該連結事業年度開始の日前7年以内に開始した連結事業年度において生じた連結超過利子個別帰属額（法第68条の89の3第6項に規定する連結超過利子個別帰属額をいう。次号において同じ。）の合計額 二　当該連結法人の当該連結事業年度開始の日前7年以内に開始した連結事業年度において生じた連結超過利子個別帰属額 12　前項の規定により計算した金額を有する連結法人の当該金額は、法人税法第81条の13第2項及び第4項の規定の適用については、これらの規定に規定する連結所得等の金額に含まれるものとする。 13　法第68条の89の3第1項及び第2項の規定の適用がある場合における連結利益積立金額又は各連結法人の連結個別利益積立金額の計算については、当該各連結法人の第11項の規定により計算した金額は、法人税法施行令第9条の2第1項第1号イに規定する個別所得金額に含まれるものとする。 14　第11項の規定により計算した金額を有する連結法人の法人税法第81条の18第1項に規定する個別所得金額又は個別欠損金額を計算するときは、第11項の規定により計算した金額は同条第1項に規定する個別帰属損金額に含まれるものとする。 15　法第68条の89の3第1項及び第2項の規定の適用がある場合における法人税法施行令第155条の8の規定の適用については、同条第1項中「合計額に」とあるのは、「合計額（租税特別措置法第68条の89の3第1項及び第2項（連結法人の対象純支払利子等に係る課税の特例）の規定により損金の額に算入される金額がある場合には、当該金額を加算した金額）に」とする。

通達・逐条解説

解　説　措法68の89の3⑦・措令39の113の3⑪

□　連結超過利子額はグループ全体のものとして管理されるところ（R1-582）、措法68の89の3①（連結超過利子額の損金算入）により連結事業年度の連結所得の金額の計算上損金の額に算入された連結超過利子額に相当する金額（以下「連結超過利子控除額」という。）のうち各連結法人に帰せられる金額は、次の算式により計算した金額とされている。

《算式》

連結超過利子控除額 ×	その連結法人のその連結事業年度開始の日前7年以内に開始した連結事業年度において生じた連結超過利子個別帰属額
	各連結法人のその連結事業年度開始の日前7年以内に開始した連結事業年度において生じた連結超過利子個別帰属額の合計額

□　連結超過利子額はグループ全体のものとして管理されるところ（R1-582）、措法68の89の3②（本制度に係る連結超過利子額と外国子会社合算税制との適用調整）により連結事業年度の連結所得の金額の計算上損金の額に算入された連結超過利子額に相当する金額のうち各連結法人に帰せられる金額は、次の①又は②のうちいずれか少ない金額（措令39の113の3③）とされている。

①　連結法人の特定子法人に係る調整対象連結超過利子額

②　次の特定子法人の区分に応じそれぞれ次の金額

　i　外国関係会社

　　連結法人の調整連結事業年度における外国関係会社の特定子法人事業年度に係る個別課税対象金額、個別部分課税対象金額又は個別金融子会社等部分課税対象金額

　　（注）その個別課税対象金額に係る適用対象金額、その個別部分課税対象金額に係る部分適用対象金額又はその個別金融子会社等部分課税対象金額に係る金融子会社等部分適用対象金額の計算上、その調整対象連結超過利子額に係る措令39の113の3①ニに掲げる金額が含まれるものに限る。

　ii　外国関係法人

　　連結法人の調整連結事業年度における外国関係法人の特定子法人事業年度に係る個別課税対象金額、個別部分課税対象金額又は個別金融関係法人部分課税対象金額

　　（注）その個別課税対象金額に係る適用対象金額、その個別部分課税対象金額に係る部分適用対象金額又はその個別金融関係法人部分課税対象金額に係る金融関係法人部分適用対象金額の計算上、その調整対象連結超過利子額に係る措令39の113の3①ニに掲げる金額が含まれるものに限る。

□　「調整対象連結超過利子額」という用語の意義は、次の通りである。

| 調整対象連結超過利子額 | 連結法人の連結超過利子額（その連結法人の対象連結事業年度に係るものに限る。）に、次の①のうちに次の②の占める割合を乗じて計算した金額（措法68の89の3②・措令39の113の3①）
①　各連結法人の対象連結事業年度に係る対象支払利子等の額の合計額
②　連結法人の対象連結事業年度に係る対象支払利子等の額のうち、その連結法人に係る特定子法人の特定子法人事業年度の期間（その対象連結事業年度終了の日後の期間がある場合には、その期間を除く。）内にその特定子法人に対して支払われたもの |

解　説　措法68の89の3⑦・措令39の113の3⑫

□　措法68の89の3①（連結超過利子額の損金算入）及び措法68の89の3②（本制度に係る連結超過利子額と外国子会社合算税制との適用調整）により損金の額に算入された金額のうち各連結法人に帰せられる金額は、連結特定同族会社の特別税率（法法81の13）の適用対象となる連結留保金額の計算上、法法81の13②（連結留保金額）及び法法81の13④（連結留保控除額）に規定する連結所得等の金額に含まれることとされている。

解　説　措法68の89の3⑦・措令39の113の3⑬

□　措法68の89の3①（連結超過利子額の損金算入）及び措法68の89の3②（本制度に係る連結超過利子額と外国子会社合算税制との適用調整）により損金の額に算入された金額のうち各連結法人に帰せられる金額は、連結利益積立金額（法令9の2）及び連結個別利益積立金額（法令9の3）の計算上、法法81の18①（連結法人税の個別帰属額の計算）に規定する個別所得金額（法令9の2①一イ）に含まれることとされている。

本　　法	施行令・施行規則

通達・逐条解説

解　説　措法68の89の3⑩・措令39の113の3⑭

□　措法68の89の3①（連結超過利子額の損金算入）及び措法68の89の3②（本制度に係る連結超過利子額と外国子会社合算税制との適用調整）により損金の額に算入された金額のうち各連結法人に帰せられる金額は、法法81の18①（連結法人税の個別帰属額の計算）に規定する個別所得金額又は個別欠損金額の計算上、個別帰属損金額（法法81の18①）に含まれることとされている。

解　説　措法68の89の3⑩・措令39の113の3⑮

□　措法68の89の3①（連結超過利子額の損金算入）及び措法68の89の3②（本制度に係る連結超過利子額と外国子会社合算税制との適用調整）により損金の額に算入される金額は、受取配当等の益金不算入額の計算において控除の対象となる負債の利子に加算される。

第5章

グループ通算制度導入後の過大支払利子税制（概要）

措法66の5の2　対象純支払利子等の損金不算入

グループ通算制度導入後の条文	グループ通算制度導入前の条文
【措法66の5の2】 1　法人の平成25年4月1日以後に開始する各事業年度において、当該法人の当該事業年度の対象支払利子等の額の合計額（以下この項、次項第6号及び第3項第1号において「対象支払利子等合計額」という。）から当該事業年度の控除対象受取利子等合計額を控除した残額（以下この項及び第3項において「対象純支払利子等の額」という。）が当該法人の当該事業年度の調整所得金額（当該対象純支払利子等の額と比較するための基準とすべき所得の金額として政令で定める金額をいう。）の100分の20に相当する金額を超える場合には、当該法人の当該事業年度の対象支払利子等合計額のうちその超える部分の金額に相当する金額は、当該法人の当該事業年度の所得の金額の計算上、損金の額に算入しない。 2　（略） 3　（略） 　一　法人の当該事業年度の対象純支払利子等の額（当該法人が通算法人である場合には、当該通算法人及び当該通算法人の当該事業年度（当該通算法人に係る通算親法人の事業年度終了の日に終了するものに限る。）終了の日において当該通算法人との間に通算完全支配関係がある他の通算法人の当該事業年度及び当該終了の日に終了する事業年度に係る対象純支払利子等の額の合計額から対象純受取利子等の額（控除対象受取利子等合計額から対象支払利子等合計額を控除した残額をいう。次号イにおいて同じ。）の合計額を控除した残額）が2,000万円以下であるとき。 　二　（略） 　　イ　対象純支払利子等の額の合計額から対象純受取利子等の額の合計額を控除した残額 　　ロ　（略） 4～11　（略）	【措法66の5の2】 1　法人の平成25年4月1日以後に開始する各事業年度において、当該法人の当該事業年度の対象支払利子等の額の合計額（以下この項、次項第6号及び第3項第2号イにおいて「対象支払利子等合計額」という。）から当該事業年度の控除対象受取利子等合計額を控除した残額（以下この項及び第3項において「対象純支払利子等の額」という。）が当該法人の当該事業年度の調整所得金額（当該対象純支払利子等の額と比較するための基準とすべき所得の金額として政令で定める金額をいう。）の100分の20に相当する金額を超える場合には、当該法人の当該事業年度の対象支払利子等合計額のうちその超える部分の金額に相当する金額は、当該法人の当該事業年度の所得の金額の計算上、損金の額に算入しない。 2　（同左） 3　（同左） 　一　法人の当該事業年度の対象純支払利子等の額が2,000万円以下であるとき。 　二　（同左） 　　イ　対象純支払利子等の額の合計額から対象純受取利子等の額（控除対象受取利子等合計額から対象支払利子等合計額を控除した残額をいう。）の合計額を控除した残額 　　ロ　（同左） 4～11　（同左）

解説

　グループ通算制度の適用を受ける場合であっても、損金不算入額は、各法人において計算する。ただし、金額基準による少額免除基準（対象純支払利子等の額が2,000万円以下であること）の判定については、現行の連結納税制度と同様とされる。

措法66の5の3	超過利子額の損金算入

グループ通算制度導入後の条文	グループ通算制度導入前の条文
【措法66の5の3】 1・2　（略） 3　第1項若しくは前項の法人を合併法人とする適格合併が行われた場合又は当該法人との間に法人税法第2条第12号の7の6に規定する完全支配関係（当該法人による完全支配関係又は同号に規定する相互の関係に限る。）がある他の法人で当該法人が発行済株式若しくは出資の全部若しくは一部を有するもの（内国法人に限る。以下この項において「分配法人」という。）の残余財産が確定した場合において、当該適格合併に係る被合併法人又は当該分配法人（以下この項において「被合併法人等」という。）の当該適格合併の日前7年以内に開始し、又は当該残余財産の確定の日の翌日前7年以内に開始した各事業年度（以下この項において「前7年内事業年度」という。）において生じた超過利子額（当該被合併法人等の当該超過利子額（この項の規定により当該被合併法人等の超過利子額とみなされたものを含む。）に係る事業年度のうち最も古い事業年度以後の各事業年度の確定申告書（同条第31号に規定する確定申告書をいう。次項において同じ。）の提出があることその他の政令で定める要件を満たしている場合における当該超過利子額に限る。以下この項において「引継対象超過利子額」という。）があるときは、当該適格合併に係る合併法人の当該適格合併の日を含む事業年度又は当該法人（内国法人に限る。以下この項において「被分配法人」という。）の当該残余財産の確定の日の翌日を含む事業年度（以下この項において「合併等事業年度」という。）以後の各事業年度における前二項の規定の適用については、当該前7年内事業年度において生じた引継対象超過利子額（当該分配法人に同条第14号に規定する株主等が2以上ある場合には、当該引継対象超過利子額を当該分配法人の発行済株式又は出資（当該分配法人が有する自己の株式又は出資を除く。）の総数又は総額で除し、これに当該被分配法人の有する当該分配法人の株式又は出資の数又は金額を乗じて計算した金額）は、それぞれ当該引継対象超過利子額の生じた前7年内事業年度開始の日を含む当該合併法人又は被分配法人の各事業年度（当該合併法人又は被分配法人の合併等事業年度開始の日以後に開始した当該被合併法人等の当該前7年内事業年度において生じた引継対象超過利子額にあっては、当該合併等事業年度の前事業年度）において生じた超過利子額とみなす。 （削る）	【措法66の5の3】 1・2　（同左） 3　第1項若しくは前項の法人を合併法人とする適格合併が行われた場合又は当該法人との間に法人税法第2条第12号の7の6に規定する完全支配関係（当該法人による完全支配関係又は同号に規定する相互の関係に限る。）がある他の法人で当該法人が発行済株式若しくは出資の全部若しくは一部を有するもの（内国法人に限る。以下この項において「分配法人」という。）の残余財産が確定した場合において、当該適格合併に係る被合併法人又は当該分配法人（以下この項において「被合併法人等」という。）の当該適格合併の日前7年以内に開始し、又は当該残余財産の確定の日の翌日前7年以内に開始した各事業年度（以下この項において「前7年内事業年度」という。）において生じた超過利子額（当該被合併法人等の当該超過利子額（この項又は次項の規定により当該被合併法人等の超過利子額とみなされたものを含み、第7項の規定によりないものとされたものを除く。第6項において同じ。）に係る事業年度のうち最も古い事業年度以後の各事業年度の確定申告書（同条第31号に規定する確定申告書をいう。第5項及び第8項において同じ。）の提出があることその他の政令で定める要件を満たしている場合における当該超過利子額に限る。以下この項において「引継対象超過利子額」という。）があるときは、当該適格合併に係る合併法人の当該適格合併の日を含む事業年度又は当該法人（内国法人に限る。以下この項において「被分配法人」という。）の当該残余財産の確定の日の翌日を含む事業年度（以下この項において「合併等事業年度」という。）以後の各事業年度における前二項の規定の適用については、当該前7年内事業年度において生じた引継対象超過利子額（当該分配法人に同条第14号に規定する株主等が2以上ある場合には、当該引継対象超過利子額を当該分配法人の発行済株式又は出資（当該分配法人が有する自己の株式又は出資を除く。）の総数又は総額で除し、これに当該被分配法人の有する当該分配法人の株式又は出資の数又は金額を乗じて計算した金額）は、それぞれ当該引継対象超過利子額の生じた前7年内事業年度開始の日を含む当該合併法人又は被分配法人の各事業年度（当該合併法人又は被分配法人の合併等事業年度開始の日以後に開始した当該被合併法人等の当該前7年内事業年度において生じた引継対象超過利子額にあっては、当該合併等事業年度の前事業年度）において生じた超過利子額とみなす。 4　法人が、法人税法第4条の5第1項若しくは第2項の規定により同法第4条の2の承認を取り消された場合又は同法第4条の5第3項の承認を受けた場合（以下この項において「承認の取消し等の場合」という。）において、当該承認の取消し等の場合の最終の連結事業年度終了の日の翌日を含む事業年度開始の日前7年以内に開始した各連結事業年度において生じた当該法人の連結超過利子個別帰属額（第68条の89の3第6項に規定する連結超過利子個別帰属額をいう。以下この項及び次項において同じ。）があるときは、当該翌日を含む事業年度以後の各事業年度における第1項及び第2項の規定の適用については、当該連結超過利子個別帰属額は、当該連結超過利子個別帰属額が生じた連結事業年度開始の日を含む当該法人

グループ通算制度導入後の条文	グループ通算制度導入前の条文
（削る）	の事業年度において生じた超過利子額とみなす。 5　第3項の適格合併に係る被合併法人が連結法人（連結子法人にあっては、連結事業年度終了の日の翌日に当該連結子法人を被合併法人とする適格合併を行うものに限る。）である場合又は同項の残余財産が確定した他の法人が連結法人（当該連結法人の連結事業年度終了の日に残余財産が確定した連結子法人に限る。）である場合には、当該被合併法人又は他の法人の当該適格合併の日前7年以内に開始し、又は当該残余財産の確定の日の翌日前7年以内に開始した各連結事業年度において生じた連結超過利子個別帰属額を同項に規定する前7年内事業年度において生じた超過利子額と、連結確定申告書（法人税法第2条第32号に規定する連結確定申告書をいう。）を確定申告書と、当該連結超過利子個別帰属額が生じた連結事業年度を当該被合併法人又は他の法人の事業年度とみなして、同項の規定を適用する。
（削る）	6　前項に規定する場合において、同項の適格合併に係る被合併法人又は残余財産が確定した他の法人となる連結法人に同項に規定する各連結事業年度前の各事業年度で第3項に規定する前7年内事業年度に該当する事業年度において生じた超過利子額があるときは、当該超過利子額については、同項の規定は、適用しない。
（削る）	7　法人（連結法人に限る。）が法人税法第15条の2第1項に規定する最初連結事業年度終了の日後に同法第4条の5第1項若しくは第2項の規定により同法第4条の2の承認を取り消された場合又は同法第4条の5第3項の承認を受けた場合の最終の連結事業年度後の各事業年度における第1項及び第2項の規定の適用については、当該連結事業年度前の各事業年度において生じた超過利子額は、ないものとする。
4　第1項及び第2項の規定は、超過利子額に係る事業年度のうち最も古い事業年度（前項の規定により当該法人の超過利子額とみなされた金額につき第1項及び第2項の規定を適用する場合にあっては、前項の合併等事業年度）以後の各事業年度の確定申告書の提出があり、かつ、第1項及び第2項の規定の適用を受けようとする事業年度の確定申告書等、修正申告書又は更正請求書に当該超過利子額、これらの規定により損金の額に算入される金額及びその計算に関する明細を記載した書類の添付がある場合に限り、適用する。この場合において、これらの規定により損金の額に算入される金額の計算の基礎となる超過利子額は、当該書類に記載された超過利子額を限度とする。	8　第1項又は第2項の規定は、超過利子額に係る事業年度のうち最も古い事業年度（第3項又は第4項の規定により当該法人の超過利子額とみなされた金額につき第1項又は第2項の規定を適用する場合にあっては、第3項の合併等事業年度又は第4項の最終の連結事業年度終了の日の翌日を含む事業年度）以後の各事業年度の確定申告書の提出があり、かつ、第1項又は第2項の規定の適用を受けようとする事業年度の確定申告書等、修正申告書又は更正請求書に当該超過利子額、これらの規定により損金の額に算入される金額及びその計算に関する明細を記載した書類の添付がある場合に限り、適用する。この場合において、これらの規定により損金の額に算入される金額の計算の基礎となる超過利子額は、当該書類に記載された超過利子額を限度とする。
5　（略） 6　（略）	9　（同左） 10　（同左）

解説

　グループ通算制度の適用を受ける場合であっても、超過利子額は、各法人において計算する。

措法68の89の2　連結法人の対象純支払利子等の損金不算入

グループ通算制度導入後の条文	グループ通算制度導入前の条文
（削る） **解説** 　グループ通算制度の適用を受ける場合であっても、損金不算入額は、各法人において計算する。	【措法68の89の2】 <u>1～9　（略）</u>

措法68の89の3　連結超過利子額の損金算入

グループ通算制度導入後の条文	グループ通算制度導入前の条文
（削る） **解説** 　グループ通算制度の適用を受ける場合であっても、超過利子額は、各法人において計算する。	【措法68の89の3】 1〜7　（略）

【資料１】

税制調査会
財務省説明資料

平29.10.16
総1 2 - 5

説　明　資　料
〔国際課税〕

平成 29 年 10 月 16 日 (月)

財　務　省

【BEPS行動4】 利子控除制限ルール

背景及び行動計画の概要

損金算入が可能な利子の支払いを用いることは、国際的なタックスプランニングにおける利益移転技術のうち、最も簡単なものの一つであるとの認識のもと、相対的に税負担の軽い国外関連会社に過大に利子を支払うことや、高課税国において借入れのレベルを上げること等によるBEPSに対処するため、過大に支払われた利子の損金算入の制限を検討。

勧告の概要

企業が支払う利子について、以下のルールに従い損金算入を制限することを勧告。
○固定比率ルール（基本ルール。これに、下記の各オプションを組み合わせることが可能。）
・企業毎に、純支払利子/所得（EBITDA）比率が基準固定比率を超える場合、超過部分の利子の控除を制限。
　※日本の過大支払利子税制が該当。
・基準固定比率は、各国々の事情（経済状況等）を踏まえ、10～30％の範囲内で決定。
○グループ比率ルール（オプション）
・企業の属する多国籍グループ全体のグループ外への純支払利子の対所得（グループ全体のEBITDA）比率が基準固定比率より高い場合は、グループ全体の比率までグループ全体の利子損金算入を容認。
○特別ルール(targeted rule)（オプション）
・支払利子比率に基づく上記ルールを補完するため、過少資本税制等を導入。
○デミニマスルール（オプション）
・純支払利子額が一定の基準を下回った場合には、BEPSリスクが低いため、比率と無関係に控除容認。
○超過利子の繰越等（オプション）
・所得の異常変動や期ずれにより控除制限を平準化するため、繰越控除等を容認。

【BEPS行動４】　利子控除制限：「BEPSプロジェクト」の結論

○　「BEPSプロジェクト」では、「価値が創造されたところで税金を払うべき」との原則を踏まえ、一定の所得を生み出すために通常必要な資金調達コストを超える規模で利払いを行っている企業については、超過分の利子の損金算入を否認するという結論になった。

○　こうした観点から、「BEPSプロジェクト」では、単体企業の利子の利子損金算入について、一定の純支払利子／EBITDA比率（10～30％の範囲で各国が設定）を超えた部分を控除制限することを勧告。

○　日本の「過大支払利子税制」の閾値（は現在50％であり、厳格化が必要。また、企業活動の実態を見極めつつ、適用対象や特別ルール等についても本勧告を踏まえた検討が必要。

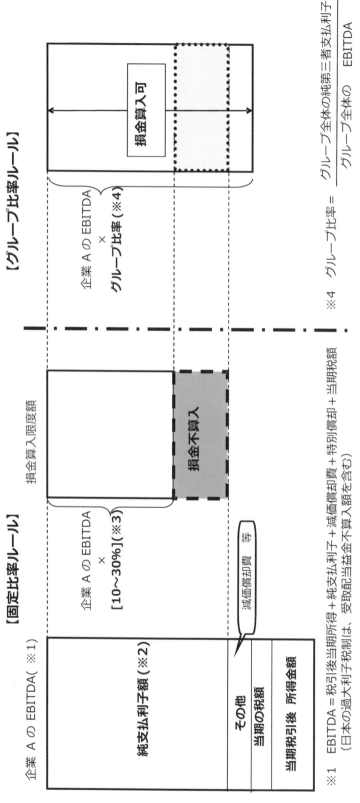

※１　EBITDA＝税引後当期所得＋純支払利子＋減価償却費＋特別償却＋当期税額
　　　（日本の過大利子税制は、受取配当益金不算入額を含む）
※２　日本の過大利子税制は関連者純支払利子等の額が対象
※３　日本の過大支払利子税制においては 50 ％

過大支払利子税制（現行制度）

○ 所得金額に比して過大な利子を関連者間で支払うことを通じた租税回避を防止するため、関連者純支払利子等の額（注）のうち、調整所得金額の一定割合（50%）を超える部分の金額につき当期の損金に算入しない（平成24年（2012年）導入）。

《イメージ》

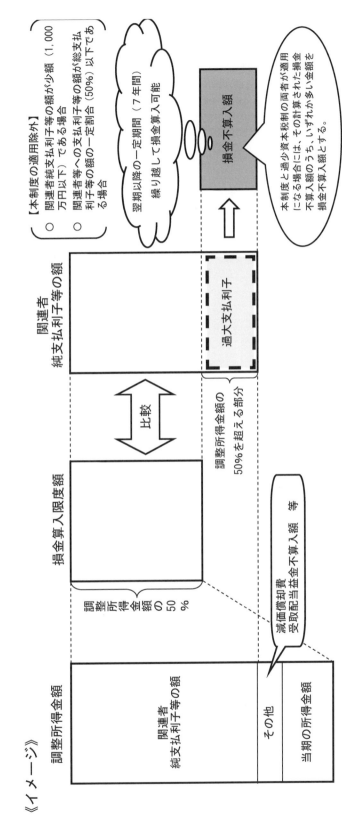

【本制度の適用除外】
○ 関連者純支払利子等の額が少額（1,000万円以下）である場合
○ 関連者等への支払利子等の額が総支払利子等の額の一定割合（50%）以下である場合

翌期以降の一定期間（7年間）繰り越して損金算入可能

本制度と過少資本税制の両者が適用になる場合には、その計算された損金不算入額のうち、いずれか多い金額を損金不算入額とする。

損金不算入額

関連者純支払利子等の額

過大支払利子

調整所得金額の50%を超える部分

比較

損金算入限度額

調整所得金額の50%

調整所得金額

その他
当期の所得金額
関連者純支払利子等の額

減価償却費
受取配当金益金不算入額 等

(注) 関連者等（直接・間接の持分割合50%以上又は実質支配・被支配関係にある者等）への支払利子等の額（利子等の受領者側で我が国の法人税の課税所得に算入されるもの等を除く。）の合計額からこれに対応する受取利子等の額を控除した残額をいう。

平３０.１１.７
総２０－２

説 明 資 料

〔国際課税について〕

平成 30 年 11 月 7 日 (水)

財 務 省

5

BEPS行動4最終報告書の概要等

問題意識

✓ 利子は、国際的なタックスプランニングで利用できる利益移転技術のうち、最も簡単なものの一つ。

✓ 多国籍企業グループが利子を用いたタックスプランニングを行うことができることにより、競争上歪みが生じ、資本所有中立性にネガティブな影響を与える。また、これにより税収が減少し、税制の完全性に影響が生じうる。

✓ 利子を用いた税源浸食・利益移転が生ずる場合として、関連者間借入を用いて過大な利子の損金算入を生じさせるケースや、企業グループ内の高課税法人に第三者借入を集めるケース（6頁参照）などが挙げられる。

勧告

✓ 上記の問題に対抗するため、企業の純支払利子の損金算入を利子・税・償却前所得（EBITDA）（※）の10%～30%に制限する、利子控除制限制度の導入を勧告。

※ EBITDA：Earnings Before Interest, Taxes, Depreciation and Amortization

✓ 同制度は、適用が容易であり、企業の課税所得に利子の損金算入を直接リンクさせることで利子を用いたタックスプランニングに対して相当程度堅固となるとしている。

【参考】第三者への利子の支払いにおけるBEPS
(行動４最終報告書パラ３をもとに作成)

・ 国際企業グループにおいて100の資金需要があり、10の資金コスト(利子)を支払う事例。

・ 第三者借入であっても、それをいずれかの国の法人が行うかの選択により、所得移転を生じさせ、グループ全体の税負担を引き下げることができる。

【事例1】

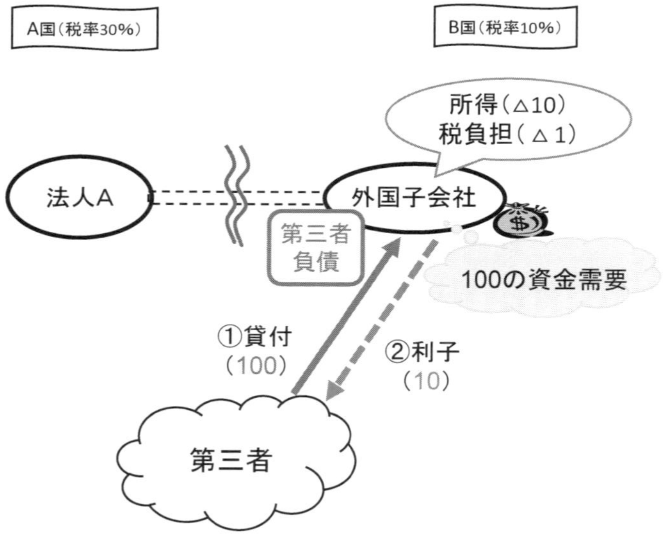

A国(税率30%)　　　B国(税率10%)

法人A

外国子会社

所得(△10)
税負担(△1)

第三者負債

100の資金需要

①貸付
(100)

②利子
(10)

第三者

【事例2】

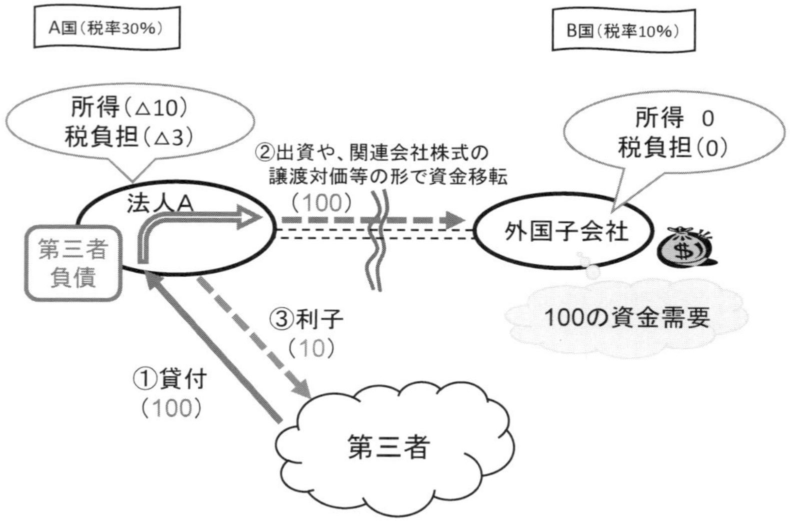

A国(税率30%)

B国(税率10%)

法人A

所得(△10)
税負担(△3)

第三者負債

外国子会社

所得　0
税負担(0)

100の資金需要

②出資や、関連会社株式の
譲渡対価等の形で資金移転
(100)

①貸付
(100)

③利子
(10)

第三者

⇒ 事例1と比較し、グループ
全体で税負担減(△2)

BEPS行動4最終報告書の勧告内容と日本の過大支払利子税制

- BEPS行動4では、純支払利子の損金算入をEBITDAの10%～30%に制限する、利子控除制限制度の導入を勧告。
- 平成24年度税制改正において導入した日本の「過大支払利子税制」は同様の考え方に基づく制度であるが、対象となる利子やEBITDA（調整所得）の定義、基準値についてBEPS勧告と異なっており、検討が必要。
- その際、通常の経済活動に与える影響等にも配慮しつつ、BEPSリスクに的確に対応できるよう検討していく必要。

BEPS行動4最終報告書の勧告内容

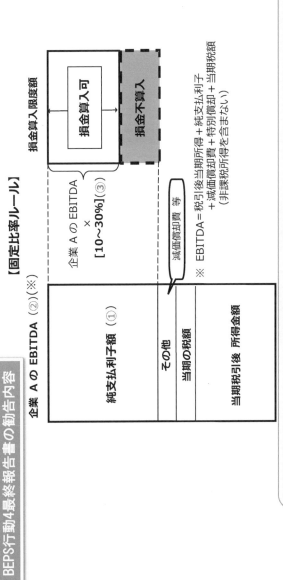

[固定比率ルール]

企業AのEBITDA（②）（※）

純支払利子額（①）
その他
当期の税額
当期税引後 所得金額

損金算入限度額
損金算入可
損金不算入

企業AのEBITDA × [10～30%]（③）

減価償却費 等

※ EBITDA＝税引後当期所得＋純支払利子＋減価償却費＋特別償却額＋当期税額（非課税所得を含まない）

⇒日本の過大支払利子税制におけるBEPS行動4税制と勧告内容との主な相違点
①対象とする利子：関連者純支払利子等の額のみ
②調整所得（EBITDA）：国内外の受取配当益金不算入額を含む
③基準値：50%

【参考】 我が国における利子を用いたBEPS事例① (デットプッシュダウン)

※実際の事例を抽象化したもの

- BEPS行動4は、支払利子を用いたBEPSが生ずる場合として、グループ内の高課税法人に第三者からの負債を集中させることを指摘。

- 日本における実際の事例としては、中税率国の親会社が抱える第三者負債を、日本の法人に移転(※)すること等により、日本からの利益移転を行い、グループ全体の税負担を圧縮しているケースが見受けられた。

※ この場合、日本法人が第三者・関連者から借り入れた資金を関連者株式の譲渡対価の形で、非課税で中税率国の親会社に還流させ、親会社の負債を返済することで、実質的に、日本法人に負債を移転していると考えられる。

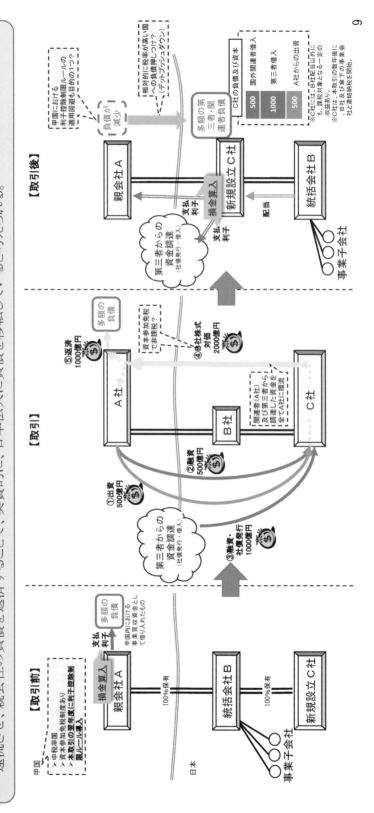

149

【参考】我が国における利子を用いたBEPS事例②（負債による資金調達と非課税所得）

※実際の事例を抽象化したもの

- BEPS行動4は、支払利子を用いたBEPSが生ずる場合として、関連者からの融資を用いて実際の第三者支払利子を超える利子の損金算入を生じさせること、負債による資金調達を行い非課税所得を生じさせることを指摘。

- 日本における実際の事例としては、相対的に税率の高い日本法人を経由して、関連者からの借入と関連者への出資を組み合わせて資金を動かすことにより、日本からの利益移転を行い、グループ全体の税負担の圧縮を図っているとと考えられるケースが見受けられた。

＊ また、高課税国の関連会社における第三者借入利子の損金算入や、出資先の外国子会社からの国外関連者への貸付と組み合わせれば、グループ内で、同一の借入に係る支払利子を複数回損金算入することが可能（ダブル・ディップ）。

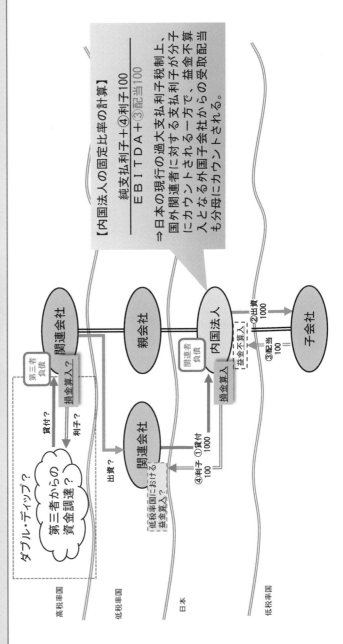

【内国法人の固定比率の計算】

$$\frac{純支払利子＋④利子100}{EBITDA＋③配当100}$$

⇒日本の現行の過大支払利子税制上、国外関連者に対する支払利子が分子にカウントされる一方で、益金不算入となる外国子会社からの受取配当も分母にカウントされる。

【資料２】

国税不服審判所裁決
平成30年８月27日（裁決要旨）

裁決要旨

○　租税特別措置法（平成26年法律第10号による改正前のもの。以下「措置法」という。）第66条の５の２第２項第１号及びその委任を受けた租税特別措置法施行令（以下「措置法施行令」という。）第39条の13の２第８項第３号柱書によれば、ある法人との間に、同号イないしハに掲げる事実その他これに類する事実が存在することにより二の法人のいずれか一方の法人が他方の法人の事業の方針の全部又は一部につき実質的に決定できる関係のあるものは、当該ある法人の関連者等に該当する（なお、同条第14項によれば、法人の関連者等に該当するかどうかの判定は、当該法人の各事業年度の終了の時の現況による。）。

　そして、措置法施行令第39条の13の２第８項第３号イは、当該他方の法人の役員の２分の１以上又は代表する権限を有する役員が、当該一方の法人の役員若しくは使用人を兼務している者又は当該一方の法人の役員若しくは使用人であった者であることと規定しているところ、この事実がある場合、当該一方の法人は、通常、その役員若しくは使用人又はこれらであった者が当該他方の法人において業務の決定権又は代表権を有していることを通じて、当該他方の法人を支配することが可能になる。したがって、同号イの事実が存在する場合には、同号柱書の規定する二の法人のいずれか一方の法人が他方の法人の事業の方針の全部又は一部につき実質的に決定できる関係があるものと推認されるというべきである。

　請求人は、請求人の役員とＡ国法人の役員を兼任していた者は、請求人の経営実務に一切関与しておらず、勤務実態もない名義上の役員であることなどから、請求人とＡ国法人との間には、措置法施行令第39条の13の２第８項第３号に規定する「いずれか一方の法人が他方の法人の事業の方針の全部又は一部につき実質的に決定できる関係」がなく、Ａ国法人は請求人の関連者等に該当しない旨主張する。

　しかしながら、①請求人の事業年度（Ｘ年○月期）終了の時において、Ａ国法人の役員の２分の１以上が請求人の役員を兼務している者であること、②請求人はＡ国法人からの多額の借入金及び未払利息があるが、Ａ国法人は法的な回収方法を採らずに休眠状態となっている─このように、非常に高額の借入金について長期間にわたって返済が滞り、高額の利息が累積しているにもかかわらず、法的な回収手段を採らずに業務を停止するということは、借り手と貸し手との間に支配関係がなければ考え難いものである─ことから、請求人とＡ国法人との間に、請求人がＡ国法人の「事業の方針の全部又は一部につき実質的に決定できる関係」があったと強く推認され、Ａ国法人は請求人の関連者等に該当する。

○　措置法第66条の５の２第２項第１号、その委任を受けた措置法施行令第39条の13の２第８項第２号及び法人税法施行令第４条第１項第１号によれば、ある個人及びその親族が、二つの法人のうち一方の法人の発行済株式等の総数の100分の50以上の数の株式等を直接又は間接に保有するとともに、他方の法人の発行済株式等の総数の100分の50以上の数の株式等を直接又は間接に保有している場合、一方の法人は、他方の法人の関連者等に該当する。

　これを本件についてみると、請求人の事業年度（Ｘ＋１年○月期）終了の時において、請求人とＡ国法人は、同一の者（○○及びその親族）によって、請求人の発行済株式総数の約95.3％を、Ａ国法人の発行済株式総数の約52.0％をそれぞれ直接保有されていたから、Ａ国法人は請求人の関連者等に該当する。

　請求人は、真に○○が当該事業年度中にＡ国法人の発行済株式総数の約16％を取得したか否かには疑義があるから、当該事業年度の終了の時において、○○がＡ国法人の発行済株式総数の約36％を保有しているとは認められないこと、○○が、請求人の経営に関与していない名義上の役員であることなどから、請求人の株式を保有しているとしても、請求人の経営方針を決定する立場にはないことを理由に、請求人と

A国法人との間には、措置法施行令第39条の13の２第８項第２号に規定する個人及びこれと特殊の関係のある個人によって「それぞれその発行済株式等の総数又は総額の100分の50以上の数又は金額の株式等を直接又は間接に保有される場合における当該二の法人の関係」がないから、A国法人は請求人の関連者等に該当しない旨主張する。

　しかしながら、A国法人の商業登記情報には、当該事業年度終了時点で○○がA国法人の発行済株式総数の約36％に相当する株式を保有していたことが記録されているところ、請求人提出資料、原処分関係資料並びに当審判所の調査及び審理の結果によっても、当該記録が虚偽であることをうかがわせる事情は見当たらず、また、措置法施行令第39条の13の２第８項第２号によれば、法人の関連者に該当するか否かの判定は、ある個人及びその親族などが二の法人の株式をそれぞれ一定割合を保有しているか否かにより判断されるものであり、当該個人及びその親族の業務の状況等は、当該判定に影響しないから、請求人の主張は採用することができない

(注)　令和元年度税制改正前は、関連者等への支払利子のみが本制度の対象とされ、第三者への支払利子は本制度の対象とされていなかった。

《著者紹介》

梅本　淳久 （うめもと　あつひさ）

デロイト トーマツ税理士法人　タックス コントラバーシーチーム　マネジャー

公認会計士・米国公認会計士

司法書士試験合格

　税理士法人トーマツ（現　デロイト トーマツ税理士法人）に入社後、税務申告業務、国際税務コンサルティング業務を経験し、現在は、審査請求・相談・教育研修などの業務に従事している。民間専門家として、国税審判官（特定任期付職員）に登用され、国際課税担当として、国際課税事件の調査・審理を行った経験を有する。

　著書に『【法律・政省令並記】逐条解説　外国子会社合算税制』（ロギカ書房）、『事例と条文で読み解く　税務のための　民法講義』（ロギカ書房）、『詳解　タックス・ヘイブン対策税制』（清文社・共著）、『国際課税・係争のリスク管理と解決策』（中央経済社・共著）、『第10版　Ｑ＆Ａ　事業承継をめぐる非上場株式の評価と相続対策』（清文社・共著）、税務専門誌への寄稿記事に「通達・Ｑ＆Ａの要点を一挙に押さえる　令和元年度外国子会社合算税制の改正詳解」税務弘報67巻10号（中央経済社）、「外国法を準拠法とする契約に係る税務上の取扱い［１］〜［３］」月刊国際税務38巻12号〜39巻２号（国際税務研究会）、「疑問相談　資産税（相続税）・民法　配偶者居住権に関する諸問題—平成30年民法等（相続法）改正及び令和元年度税制改正—」国税速報第6557号（大蔵財務協会）などがある。

《執筆協力者紹介》

秋本　光洋 （あきもと　みつひろ）

税理士

秋本光洋税理士事務所

勝島敏明税理士事務所（現　デロイト トーマツ税理士法人）のパートナーを退任後、2001年に独立開業。

　個人事務所として、税務専門家及び企業に対し、法令解釈に基づく助言・分析等を中心とした相談業務を提供し現在に至る。特に国際税務（租税条約、源泉所得税、事業体課税を含む。）、公益法人等（一般社団法人・一般財団法人を含む。）の会計及び税務、信託に係る税務など、専門的な分野を中心にアドバイスを行う。

デロイト トーマツ税理士法人

デロイト トーマツ税理士法人は、日本最大級のビジネスプロフェショナル集団「デロイト トーマツグループ」の一員であると同時に、「デロイト トウシュ トーマツ リミテッド」という世界四大会計事務所のメンバーファームの一員でもあります。「トーマツ」ブランドが培ってきた信頼と高い専門性に加え、全世界150を超える国・地域で展開する「デロイト」ブランドの国際ネットワークを生かし、プロフェッショナルとしてクライアントのビジネス発展に貢献していきます。

私たちの最大の強みは、デロイト トーマツ グループの総合力です。国内外での豊富な実績を誇る税務サービスだけにとどまらず、監査・コンサルティング・ファイナンシャルアドバイザリー・法務の領域でもグループ内の連携を図り、組織や専門分野の枠を超えた総合的なサービスを提供しています。特にデロイトトーマツ税理士法人は、日本の大手税理士法人の中でも最大級の国内16都市に拠点を設けており、全国規模で多様化するクライアントのニーズにこたえています。詳細はデロイト トーマツ税理士法人 Web サイト（www.deloitte.com/jp/tax）をご覧ください。

【法律・政省令並記】

逐条解説　過大支払利子税制

発行日　　2020 年 7 月 1 日

著　者　　梅本 淳久

発行者　　橋詰 守

発行所　　株式会社 ロギカ書房
　　　　　〒 101-0052
　　　　　東京都千代田区神田小川町 2 丁目 8 番地
　　　　　進盛ビル 303 号
　　　　　Tel 03（5244）5143
　　　　　Fax 03（5244）5144
　　　　　http://logicashobo.co.jp/

印刷・製本　亜細亜印刷株式会社
978-4-909090-40-9　C2034

【法律・政省令並記】
逐条解説
外国子会社合算税制

梅本　淳久（デロイト トーマツ税理士法人）　　B5版・420頁・並製
定価：5,000円＋税

難解といわれる外国子会社合算税制（タックスヘイブン対策税制）の法律→政令→省令→通達・解説を見開きで掲載しています。いわゆる法律を横（縦？）に読むということです。国際課税担当の元国税審判官であり、デロイト トーマツ税理士法人で様々な実務に携わっている著者が、立法の視点から最新の法令に基づき詳細に解説した、実務テキストです。

【主要目次】
第1章　内国法人に係る外国関係会社の課税対象金額等の益金算入
第2章　外国子会社合算税制の適用に係る税額控除
第3章　特定課税対象金額等を有する内国法人が受ける剰余金の配当等の益金不算入
第4章　政令委任（外国関係会社の判定等）
資料

事例と条文で読み解く
税務のための 民法講義

梅本　淳久（デロイト トーマツ税理士法人）　　A5版・420頁・並製
定価：4,000円＋税

本書は、国税通則法、所得税法、法人税法及び相続税法の各分野で必要となる民法の知識を、基礎から解説しています。

【主要目次】
第1章　通則法
　誤謬／意思表示の効力発生時期／期間計算／時効／債権者代位権／詐害行為取消権／連帯債務／弁済／供託／不当利得／‥
第2章　所得税法（法人・個人）
　行為能力／法人／無効及び取消し／物権の設定及び移転／占有権の効力／共有物／譲渡担保／債務不履行／保証／債権譲渡／‥
第3章　資産課税
　住所／失踪宣告／相隣関係／用益権／使用貸借／婚姻／財産分与／認知／養子／扶養義務者／相続回復請求権／相続人／‥